Les Publications de l'Université Euromed de Fès

FUSION DES HORIZONS

Rachid BOUDRI & Badr BENTALHA

Du "Retail Apocalypse" à la "Retail Renaissance"

- Repenser le commerce à l'ère numérique -

L'Harmattan

UNCAC
كرسي الأمم المتحدة لتحالف الحضارات
THE UNITED NATIONS CHAIR FOR THE ALLIANCE OF CIVILIZATIONS
LA CHAIRE DES NATIONS UNIES POUR L'ALLIANCE DES CIVILISATIONS

UEMF
الجامعة الأورومتوسطية بفاس
EUROMED UNIVERSITY OF FES
UNIVERSITÉ EUROMED DE FÈS

5-7, rue de l'École-Polytechnique – 75005 Paris
www.editions-harmattan.fr
ISBN : 978-2-336-59244-2
EAN : 9782336592442
Dépôt légal : janvier 2026

INTRODUCTION GÉNÉRALE

« La théorie, c'est quand on sait tout et que rien ne fonctionne. La pratique, c'est quand tout fonctionne et que personne ne sait pourquoi. Ici, nous avons réuni théorie et pratique : rien ne fonctionne… … et personne ne sait pourquoi ! ».

Albert Einstein

Dans son « *The Siences of The Artificial*[1] », le prix Nobel d'économie Herbert A. Simon (1978) évoque assez fréquemment l'expression « un tableau ensemble[2] ». Elle serait alors un élément de conception d'une stratégie descendante de traitement et d'organisation des connaissances. Utilisée dans plusieurs domaines, la stratégie descendante (également connue sous l'anglais top-down, ou bien *stepwise design*) consiste à proposer une vue d'ensemble et de se livrer à la décomposer en segments plus petits

[1] *The Sciences of the Artificial* (1969) est un livre du père de la rationalité limitée Herbert A. Simon, dans lequel, il traite de la science de l'apprentissage et de l'intelligence artificielle ; il est particulièrement influent dans la théorie de la conception. The Sciences of the Artificial a pour thème la façon dont les phénomènes artificiels devraient être catégorisés, en discutant de la question de savoir si de tels phénomènes appartiennent au domaine de la "science".

[2] L'expression prend tout son sens en anglais « *The Big Picture* », qui, selon le dictionnaire de l'université de Cambridge, est « l'ensemble des faits les plus importants concernant une situation et les effets de cette situation sur d'autres choses ». Les origines de l'expression restent globalement opaques, en l'occurrence, l'éditeur américain le *Merriam-Webster* cite la première utilisation de l'expression en 1904, mais ne donne pas plus de détails sur la source.

(Herbert Simon, 1968). En pratique, elle est considérée comme un style de pensée ou d'enseignement. Ici, l'expression « le tableau d'ensemble » est mobilisée pour proposer une prise de recul par rapport au retail, qui selon une poignée d'observateurs et de spécialistes, serait en train de passer par une étape cruciale de son cycle de vie. Les spécialistes ont donnée à cette étape le qualificatif polémique du retail apocalypse.

L'univers du commerce et du retail est au fond d'un tourbillon de mutations et de changements qui fait rage. Surtout depuis l'arrivée de technologies disruptives[3] par excellence qui sont l'internet et les smartphones. La particularité intrinsèque de cette panoplie d'outils technologiques est leur nature ubiquitaire bouleversante. Ajoutant à cela leur mobilité incontestable, la terminologie devient exotique. On parle alors du terme « mobiquité»[4]. Formellement, c'est un terme qui est devenu une marque déposée pour néologisme par Xavier Dalloz et qui fait hommage à ces technologies qui sont à la fois ubiquitaires et mobiles (Badillo et al., 2009). Plus particulièrement, ces technologies mobiquitaires peuvent être appréhendées par l'acronyme "ATAWADAC" (Any-time, Any-where, Any-device, Any-content) qui décrit l'aptitude d'un utilisateur d'accéder à n'importe quel contenu sans aucune contrainte temporelle, géographique, ou de terminal.

Du côté de l'industrie retail, de telles disruptions n'ont rien d'anodin et le retail apocalypse en serait l'allégorie pure et

[3] La disruption est le concept développé par le professeur Clayton Magleby Christensen dans le cadre de sa théorie de l'innovation de rupture. Dans son « *The innovator's dilemma* » Christensen explique que la disruption est un processus par lequel un produit ou un service s'implante d'abord dans des applications simples au bas de l'échelle d'un marché, puis monte inexorablement sur le marché et finit par supplanter les concurrents établis (Christensen ,1997).

[4] D'autre travaux préfèrent utiliser le terme mobilité+.

parfaite (Townsend et al. 2017). En même temps, il est à noter que d'autres observateurs et académiciens se serait en plein scepticisme quant à la véracité d'un tel phénomène (Kline 2018 ; Mathews 2018). Malgré cela, nul ne peut nier la fermeture en cascade de nombreux sites de vente à forte zone de chalandise (il s'agit surtout des Abercrombie & Fitch, The Children's Place, Foot Locker, Gymboree et J.C. Penney pour n'en citer que quelques-uns) et la cessation très récente des activités d'une pléthore de détaillants très connues et même à présence internationale, et notamment les Toys R Us, Wet Seal, BeBe et The Limited (Snyder, 2018), sans parler du phénomène très en vogue des centres commerciaux vacants, appelé en anglais « *dead malls* »[5].

En revanche, cette même perspective souligne aussi que pour chaque détaillant qui ferme un site de magasin, deux détaillants ouvrent et qu'il y a eu une croissance nette de plus de 2000 magasins en 2018 (Holman & Buzek, 2018). Alors que certains mettent en garde contre une « *retail apocalypse* »[6] la nécessité d'explorer les raisons sous-jacentes à la disparition de ces magasins dans une retail économie par ailleurs saine semblent évidentes. Ainsi, l'une des questions fondamentales qui alimente notre curiosité se présente comme suit :

Si l'on suppose qu'il n'y a pas de retail apocalypse, pourquoi alors tant de magasins connus ont-ils des difficultés et ferment-ils leurs portes ?

Une des explications plausibles se trouve dans les travaux de Morgan (2018) qui explique qu'il y a un cadre général dans

---

[5] Ce désigne ces centres commerciaux quasi désertés, avec des boutiques fermées et un trafic piétonnier minimal, parfois jusqu'à l'abandon total. Ce phénomène, autrefois typique de l'Amérique du Nord, gagne aujourd'hui d'autres régions du monde, comme l'Inde où 40 % des petits centres sont déjà surnommés *ghost malls*.

[6] Le terme est un peu fort, mais il est justifiable parce que des magasins bien connus mettent la clé sous la porte

lequel il faut mener son analyse. Le cadre en question est le paysage global du retail qui est en train de fortement évoluer alors que les détaillants qui restent assis deviennent tout simplement obsolètes.

Dans ce livre, nous espérons illustrer la période passionnante que traverse le domaine du retail et de présenter l'essentiel de la recherche scientifique proliférante dans ce milieu. Dans cet esprit, notre livre commencera par une exploration de la littérature académique du retail avant de s'intéresser au paysage empirique de ce dernier. De là, une revue de la littérature sera présentée et les plus dominantes des théories en la matière seront brièvement expliquées. Encore, la littérature relative au retail hors magasin et à l'international sera discutée avant de s'intéresser aux développements les plus sophistiqués en la matière.

Ensuite, la question relative au retail apocalypse sera posée et discutée en long, en large et en travers. On évoquera aussi le commerce électronique qui est considéré comme l'élément disrupteur par excellence dans le retail. Ainsi, un examen relatif à la question sera étalé et un léger lien avec le retail apocalypse sera tissé. Finalement, cette première partie se terminera avec une question de grande envergure, à savoir, celle de l'avenir du retail.

Place à la deuxième partie de ce livre qui se subdivise à son rôle en deux parties. Une première essayera de creuser un peu plus la question du retail apocalypse, pour comprendre que finalement, ce n'est qu'une partie du puzzle, et que concrètement, le retail est en train de renaitre de ses cendres, le retail est en train de vivre une renaissance, une retail renaissance. Cette dernière sera mise en doute, discutée et analysée en plusieurs petites parties. Le grand ménage dans le paysage paradigmatique du commerce de détail sera à son rôle étalé. Finalement, cette partie sera conclue non pas par une question, mais plutôt par une morale, et une morale particulièrement éloquente. On verra que l'essentiel de la grande disruption technologique en œuvre, n'est pas nécessairement le besoin urgent de technophiliser le magasin, mais surtout, un besoin imminent de revenir aux sources, et donc, à un retour au recentrage autour de l'expérience client dans le magasin, sous une forme technologiquement engagée.

Le deuxième chapitre sera un peu différent. Dans ce sens, il présentera une expérience du terrain qui a été conduite dans les milieux de la distribution. La particularité intrinsèque de cette enquête et qu'elle a été dirigée durant le contexte improbable de la covid-19. Ainsi, nous avons essayé d'explorer davantage un élément phare de la compréhension du secteur du retail, à savoir, la valeur perçue de l'expérience de magasinage. Plus précisément, nous avons sélectionné la valeur perçue de l'expérience de magasinage (VPEM) et avons testé sa dynamique durant les temps de la crise, chose qui, par conséquent, nous a permis de contribuer à combler un gap théorique. A cette fin, le cadre théorique spécifique VPEM a été présenté et une étude qualitative a été mise en œuvre. Après une première analyse, nos résultats montrent une réorientation pragmatique dans le comportement du consommateur et une absence de dimensions hédoniques.

CHAPITRE 1. LE REATIL : DE LA DISTRIBUTIONEN PLEINE DISRUPTION

« La disruption de la distribution : Prêt ou pas, elle arrive ! ».

Paul Myerson

Dans son « *Omni-Channel Retail and the Supply Chain* »[7], Paul Myerson[8] affirme que dans l'environnement retail actuel, les choses changent si vite que nous avons du mal à suivre ce qui se passe autour de nous. Cette remarque au goût philosophique, a surtout pour intérêt de mettre en lumière le lien omis, pourtant évident, qui existe entre la distribution et la disruption. Tout d'abord, la distribution étant un secteur vital pour tout économie et la disruption qui selon l'un de ses plus grands architectes Clayton Christensen (1952-2020), - voire même son créateur[9]- est une innovation perturbatrice qui crée un nouveau marché et un nouveau réseau de valeur

---

[7] En français : la vente au détail omni-canal et la chaîne d'approvisionnement. Première édition, 2020.

[8] Paul Myerson est professeur en gestion et en sciences de la décision à l'université de Monmouth. Il est l'auteur de quatre livres dans le domaine du retail et de la logistique, le développeur d'un logiciel de planification de la chaîne d'approvisionnement sous Windows (www.psiplanner.com) et le co-auteur d'un jeu de formation de simulation de la gestion de la chaîne d'approvisionnement et de la logistique par ENNA (www.enna.com).

[9] Un vrai débat est toujours en œuvre sur la paternité du concept de la disruption. Deux très grands noms émergent, l'économiste universitaire et consultant américain Clayton Magleby Christensen ou bien le très controversé publicitaire français Jean-Marie Dru.

et finit par supplanter les entreprises, produits et alliances leaders du marché (Christensen, 1997).

Le secteur de la distribution serait alors à fond dans un processus disruptif. L'un de ses critiques les plus fervents, le philosophe Bernard Stiegler[10] nous prévient de ses dangers les plus diaboliques, en considérant que notre société a vendu le souci d'humanisation au diable d'une technologie aveugle.

Du coté de la meilleure université au monde[11], Chris Caplice, directeur exécutif du Center for Transportaion and Logistics du MIT, identifie "Quatre tendances qui pourraient redéfinir la distribution" tout pour réorienter nos décideurs à organiser leurs pensées sur le sujet dans le but d'essayer d'en anticiper certaines. Selon lui, si nous ne le faisons pas, elles peuvent certainement créer beaucoup d'inefficacités dans le secteur de la distribution actuel. La première tendance est la transformation numérique en œuvre. Avec unanimité, la

---

[10] Philosophe, directeur de l'Institut de recherche et d'innovation (IRI) et président de l'association Ars Industrialis, Association internationale pour une politique industrielle des technologies de l'esprit. Bernard Stiegler (1952-2020) est l'un des penseurs français majeurs de la technique. Né en 1952, son parcours intellectuel emprunte au PCF, au jazz et à la prison, où il fera un séjour après un braquage. Proche de Jacques Derrida, il développe une pensée de la technique comme remède et comme poison. Il appelle à s'approprier la technologie afin de pouvoir la transformer, comme dans cet entretien des Chemins de la philosophie. Il est l'auteur de nombreux ouvrages, dont États de choc : bêtise et savoir au XXIe siècle (Mille et une nuits) et coauteur, avec Denis Kambouchner et Philippe Meirieu, de L'école, le numérique et la société qui vient (Mille et une nuits).

[11] Avec ses 90 prix Nobel, la *Massachusetts Institute of Technology* (MIT) serait la meilleure université au monde. Son département dédié aux sciences de gestion la « *Sloan School of Management* » est très prolifique a son rôle en décrochant son dernier prix Nobel dédié à l'étude économique à caractère expérimental de la lutte contre la pauvreté. Le classement est entre autres relaté par QS TopUniversities et disponible en ligne sur : https://www.topuniversities.com/universities/massachusetts-institute-technology-mit.

transformation numérique est considérée comme l'innovation disruptive par excellence qui a changé a plus que jamais le secteur de la distribution. Distribution et disruption forment désormais un couple inséparable.

La deuxième tendance est l'omnicanal qui s'est développée également avec l'essor du numérique. Plus particulièrement, l'omnicanal où les détaillants traditionnels regroupent les canaux en ligne, mobiles et traditionnels pour se disputer les ventes. Cela a donné lieu à une distribution omnicanal pour soutenir ce processus. En guise d'exemple, les produits peuvent être commandés en ligne et expédiés directement au client ou, même dans certains cas, "expédiés au magasin" pour que le client vienne les chercher, contrairement au modèle de vente au détail traditionnel. Dans certains cas, les magasins sont devenus des centres de distribution pour fournir les commandes de commerce électronique directement aux clients. Cela a un impact important sur la structure et la capacité du réseau de distribution.

Puis arrive la tendance disruptive par excellence, le digital. Sans surprise, elle a commencé depuis très longtemps, et en l'occurrence, au passage de produits physiques à des produits basés sur l'information, et pas seulement les livres, la musique et les films, car elle commence maintenant à toucher des produits plus traditionnels (Voir tableau 1). Pour soutenir sa position, Chris Caplice utilise l'exemple de l'entreprise Crayola[12] qui utilise la force du digital pour littéralement donner vie à ses produits. Ainsi, dans sa gamme de produits "Color Alive", une application spéciale est utilisée où crayon curieux transforme le coloriage en activant une expérience

[12] Crayola est une entreprise américaine fondée en 1885, célèbre pour ses crayons de cire lancés en 1903. Elle appartient depuis 1984 au groupe Hallmark et produit chaque année des milliards d'articles de coloriage et de loisirs créatifs.

virtuelle complète avec des effets de couleur. Au même titre que les crayons de Crayola, les besoins en matière de distribution pourraient s'en trouver radicalement modifiés, dans la mesure où l'on s'appuie de plus en plus sur la technologie numérique et de moins en moins sur les crayons physiques.

Les bouleversements que ces types de changements entraînent sur le domaine de la distribution sont inéluctables et vont sans l'ombre d'un doute remodeler radicalement le paradigme, les modèles, les stratégies et les techniques de la distribution actuelles. Subséquemment, la question qu'il faut probablement se poser est la suivante : Serons-nous prêts à les accueillir ?

Tableau 1 : Exemples de la dématérialisation des produits physiques vers des produits basés sur l'information

Catégorie	Livre	Musique	Film	Photographie	Finance / Monnaie	Mode / Retail	Automobile
Exemple de produit physique	Livre imprimé	CD, vinyle	DVD, cinéma	Appareil argentique	Argent liquide	Boutique physique	Véhicule mécanique
Équivalent ou forme digitale	eBook, Kindle, lecture en ligne	Streaming (Spotify, Apple Music)	Streaming (Netflix, Disney+)	Photo numérique, smartphone	Monnaie électronique, crypto-actifs	e-commerce, virtual try-on (AR)	Véhicule connecté, autonome, software-based
Effet disruptif observé	Dématérialisation complète du support, changement de chaîne de valeur	Fin du modèle de possession, montée du modèle d'accès	Transformation du modèle de distribution et des revenus	Démocratisation et instantanéité de la création et du partage	Désintermédiation, nouveaux acteurs technologiques	Mutation de l'expérience d'achat et des points de contact	Hybridation du produit physique et du service digital
Référence	(Shapiro & Varian, 1999) Information Rules	(Anderson, 2006) The Long Tail	McDonald & Smith-Rowsey, 2016) The Netflix Effect	(Rifkin, 2014) The Zero Marginal Cost Society	(Tapscott & Tapscott, 2016) Blockchain Revolution	(Brynjolfsson & McAfee, 2014) The Second Machine Age	(Porter & Heppelmann, 2014) Harvard Business Review

Source : Élaboration personnelle

1. Le secteur du retail : une exploration théorique

Tout d'abord, le terme retail est un anglicisme tout comme -marketing, merchandising ou en encore management- qui désigne en particulier l'activité de commerce de détail. Communément, le terme en question est utilisé beaucoup plus pour parler de l'activité commerciale de distribution physique, à contrario de l'activité de distribution numérique (e- commerce). Or, l'activité de la distribution numérique relève théoriquement du commerce de détail, et donc, devrait également relever du retail.

Cependant, force est de constater que sa signification varie en fonction des pays. Par exemple, en France le retail ne comprend pas le commerce des services, ni l'activité de commerce de gros[13] . Alors qu'aux États-Unis d'Amérique, le retail c'est aussi le commerce des services à côté de celui des biens. Pour le cas du Maroc, le royaume semble avoir suivi l'acceptation américaine avec la vision évasée des domaines d'interventions du secteur retail[14] . Ainsi, en espagnol, néerlandais et en allemand le sens du mot retail serait également la vente au détail, par opposition à la vente en gros, dit en anglais *wholesale*.

Du côté de l'étymologie, le terme retail tiendrait ses origines au vieux français « tailler », qui signifie "couper, séparer, diviser en termes de couture" (vers 1365), chose reflète forcement la fonction de décomposition de l'ensemble réalisée dans les canaux de commercialisation. Il a été

---

[13] Selon l'Institut national de la statistique et des études économiques (l'INSEE).

[14] Ainsi, le ministère marocain de l'Industrie, du Commerce, de l'Économie verte et numérique considèrerait le retail comme synonyme de commerce. Ce ministère a signé le mardi 23 mars 2021 à Rabat, une convention de partenariat avec l'Université Mohammed VI Polytechnique de Benguerir (UM6P) portant sur la mise en place d'un incubateur et accélérateur de start-up dans le secteur du commerce. Le partenariat en question s'intitulerait «Moroccan Retail Tech Builder» (MRTB), chose qui reflète les ambitions du royaume en la matière et promet un avenir radieux au secteur retail et ses parties prenantes au Maroc.

enregistré pour la première fois en tant que substantif en 1433 avec le sens de « vente en petites quantités » à partir du verbe moyen français retailler signifiant « pièce coupée, déchiquetée, rebut, parage » (Harper & Douglas, 2008).

Aujourd'hui, le champ d'application du secteur retail va bien au-delà du découpage en vrac et est généralement défini comme l'ensemble des activités de vente de produits et de services aux consommateurs finaux (individus et ménages). Bien que certaines définitions stipulent explicitement que le retail ne concerne que les produits achetés pour un usage personnel et non professionnel (Kotler, 1991). Il convient de noter que les définitions existantes distinguent le retail du non-retail (marketing professionnel, marketing industriel, B-To-B marketing) selon que le client est une entreprise ou un consommateur individuel.

Pour ce qui est de la recherche universitaire, il s'avère qu'elle a considéré le retail comme une branche du marketing, on parle alors en terme de « marketing retail ». Ca serait alors une activité principale de distribution et le fait que la vente au détail (retail) et la vente en gros (*wholesale*) figurent dans les mêmes chapitres ou dans des chapitres adjacents des manuels Kotleriens de Marketing Management en est la meilleure preuve. En mettant l'accent sur la disponibilité des produits, la recherche sur le retail s'est concentrée sur des sujets liés à la distribution, tels que l'emplacement des magasins, la délimitation des zones de marché géographiques, l'assortiment de détail et d'autres décisions relatives au marketing mix. Le marketing mix retail est également présent avec 6 P : Product, Price, Place, Promotion, Personnel, Présentation, plutôt que 4 P du marketing mix classique : Product, Price, Place, Promotion (voir figure 1).

Étant donné que le retail est un domaine très vaste, nous n'avons pas essayé d'inclure toutes les publications scientifiques dans ce domaine. Au lieu de cela, des articles sélectionnés sont examinés afin de mettre en évidence les questions de recherche les plus importantes. En général, cette revue se limite à l'aspect consommateur de la vente au détail et ne couvre pas le fournisseur, l'achat, la logistique et les autres aspects des canaux en amont.

Figure 1 : Les 6 P du Marketing Mix Retail

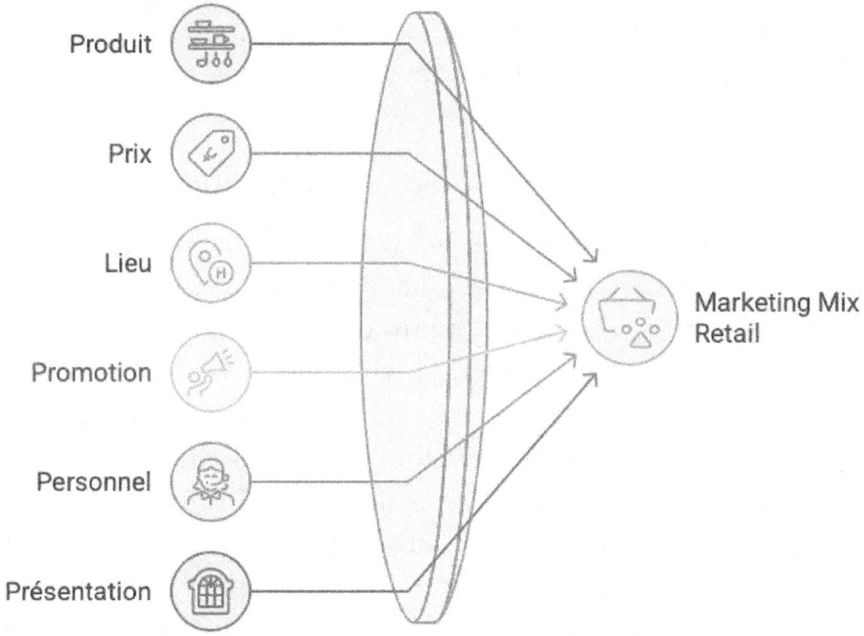

Source : Élaboration personnelle

Nous séparons d'abord la recherche sur la vente au détail en magasin et la vente au détail hors magasin (marketing direct)[15] . Dans le domaine de la vente au détail en magasin, nous divisons la recherche en deux catégories : stratégique (commercialisation du magasin en tant qu'entité auprès des consommateurs) et tactique (marchandisage d'articles individuels et d'ensembles d'articles dans le magasin). L'aspect stratégique couvre l'emplacement et le choix du magasin, l'image et le positionnement du magasin, les stratégies globales de prix et de promotion, l'environnement physique et le service. L'aspect tactique englobe la tarification unitaire et l'activité promotionnelle, la publicité, l'étalage et l'allocation de l'espace en rayon. Enfin, nous mentionnons forcément le sujet majeur qui affecte le domaine du retail aujourd'hui, à savoir, son automatisation.

1.1. Le retail en magasin : lecture stratégique

La grande majorité des achats des consommateurs est toujours effectuée dans des magasins de détail physiques. Malgré la progression du commerce en ligne, le magasin demeure un pilier essentiel de la distribution, à la fois lieu de transaction, d'expérience et de rencontre entre la marque et le consommateur. Le retail physique conserve ainsi une valeur stratégique forte, car il incarne la matérialité de la relation commerciale et la dimension sensorielle de la consommation. Sous réserve de la littérature traitée, les aspects stratégiques du retail en magasin recouvrent notamment l'emplacement du point de vente, l'image du magasin et l'environnement physique dans lequel s'opère l'expérience d'achat. Ces leviers constituent les fondations de toute stratégie retail performante, influençant la perception du consommateur, la qualité de son expérience et, par conséquent, sa fidélité.

[15] Le commerce de détail hors magasin, qui englobe le domaine du marketing direct, qui constitue un domaine de recherche distinct et beaucoup plus restreint.

Cependant, avant d'aborder ces aspects spécifiques, il convient de replacer le retail en magasin dans une perspective théorique plus large. L'évolution des formats commerciaux a donné lieu à de nombreuses lectures académiques, qui ont cherché à expliquer les transformations du commerce de détail à travers le temps. Des approches historiques, économiques et managériales ont ainsi proposé différentes grilles d'interprétation, allant des modèles cycliques du retail aux approches centrées sur l'expérience et la valeur perçue. Nous proposons, dans ce qui suit, une synthèse des principales théories ayant marqué la compréhension de l'évolution des magasins de détail. Ces cadres conceptuels permettent de mieux saisir les dynamiques de changement qui structurent aujourd'hui le secteur, et d'en éclairer les implications stratégiques contemporaines.

1.1.1. L'évolution des magasins : les théories dominantes

L'évolution de la distribution en général et des magasins en particulier ont toujours fait partie des thématiques les plus discutées au sein des milieux scientifique et professionnels (Tedlow,1997). Des efforts non négligeables ont été déployés pour décrire leur évolution dans le temps. L'un des aperçus les plus complets de l'évolution des magasins est fourni par McNair et May (1976). En effet, ils décrivent les principaux changements structurels des magasins de détail au cours de ce siècle.

Des aperçus plus récents sont fournis par McLafferty et Ghosh (1991) qui expliquent que les forces dominantes derrière l'évolution du retail sont les changements des conditions sociales, politiques et économiques ainsi que le comportement des consommateurs. Ils notent alors que les transformations spatiales du retail résultent de changements plus larges dans les conditions politiques, économiques et sociales. Ils exemplifient par les changements spécifiques dans la démographie, le style de vie et le comportement d'achat qui forcent continuellement les détaillants à modifier leurs systèmes de livraison pour s'adapter à des facteurs tels que les populations vieillissantes et la conscience accrue des prix. Ainsi, tout un paysage théorique sur l'évolution du retail s'est dessiné. Plus particulièrement, l'examen de la littérature a fait émergé trois théories dominantes, il s'agit notamment de la théorie de la roue de la distribution (McNair, 1958) ; la théorie de l'accordéon (Hollander, 1966) ; la théorie du cycle de vie du commerce de détail (Davidson et al., 1976).

Commençant par la plus populaire[16] , et donc, la théorie de la roue de la distribution (Hollander, 1960). Tout a commencé début 1931 quand Malcolm P. McNair publia dans la Harvard Business Review une esquisse de la théorie en question qui deviendra par la suite (McNair, 1958), « la roue de la distribution ». Depuis, ce portrait est désormais un paradigme au succès mondial jusqu'à sa discussion en Allemagne par Robert Nieschlag (1954).

1.1.1.1.La théorie de la roue de la distribution

La théorie de la roue de la distribution trace l'évolution des formes de la distribution selon une dynamique de marge brute. Autrement dit, elle soutient que les magasins entrent sur le marché en tant qu'opérateurs à faible coût avec des prix et une qualité de produit relativement bas.

---

[16] C'est une théorie qui a trouvé un grand succès dans les milieux francophones. L'ouvrage français « Innover dans la grande distribution » édition de De Boeck Supérieur, 2007, discute en long, en large et en travers l'importance de l'innovation dans le retail tout en mobilisant la théorie de la roue de la distribution.

Au fil du temps, les magasins évoluent vers des niveaux de service, de qualité et de prix plus élevés, laissant la place à de nouveaux magasins pour entrer sur le marché à bas prix, et ainsi de suite. Bien que la roue de la distribution n'englobe pas tous les changements survenus sur le marché de la vente au détail (Savitt, 1988), elle décrit un phénomène fréquemment observé, à savoir l'évolution des prix (voir figure 2).

Figure 2 : La théorie de la roue de la distribution

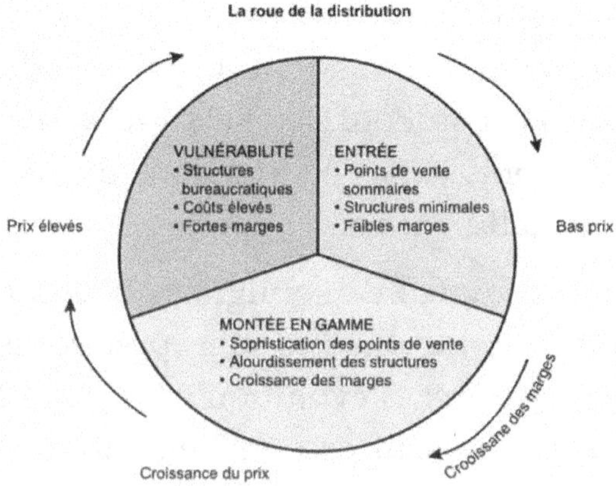

Source: McNair, M. P. (1958). Significant Trends and Developments in the Postwar Period. In A. B. Smith (Ed.), Competitive Distribution in a Free High-Level Economy and its Implications for the University. University of Pittsburgh Press.

1.1.1.2. La théorie de l'accordéon

La deuxième théorie expliquant l'évolution du commerce de détail est la théorie de l'accordéon, proposée par Hollander (1966). Cette théorie soutient que le secteur du retail est alternativement dominé par des magasins offrant une grande variété de produits avec un assortiment peu profond, puis par des détaillants proposant une variété plus restreinte mais un assortiment plus profond[17] . Autrement dit, cette théorie met en évidence une alternance cyclique entre deux formules de distribution : l'une caractérisée par une offre large et peu profonde, l'autre par une offre étroite et très approfondie, chacune tirant parti des limites de l'autre. Ainsi, un détaillant peut, dans un premier temps, proposer un large assortiment de marchandises (c'est-à-dire plusieurs types de produits différents), mais sans profondeur d'assortiment (c'est-à-dire peu de déclinaisons ou de styles à l'intérieur de chaque catégorie). Hollander (1966) s'est appuyé sur l'observation historique de divers types d'établissements de vente au détail, notant que tous semblaient suivre les étapes du cycle décrit par la théorie de l'accordéon. Cette évolution se manifeste par une expansion puis une contraction de la variété des assortiments au fil du temps.

Cependant, il convient de souligner qu'aucun des auteurs ayant développé cette théorie n'a précisé les méthodes utilisées pour mesurer l'évolution des assortiments. Les travaux existants reposent essentiellement sur des analyses conceptuelles et historiques, sans données empiriques détaillées permettant de suivre précisément l'évolution des assortiments de produits dans chaque catégorie de points de vente au fil du temps.

1.1.1.3. La théorie du cycle de vie de la vente au détail

La troisième théorie est celle du cycle de vie de la vente au détail, selon laquelle les magasins connaissent des cycles de vie semblables à ceux des produits (Davidson et al., 1976). C'est le cas parce que les commerces de détail passent par des étapes distinctes d'innovation, de croissance, de maturité et de

[17] Une analyse beaucoup plus profonde est proposée par Brown (1988).

déclin. Le cycle de vie du commerce de détail est aussi ce qu'on appelle communément le cycle de vie.

Les attributs et les stratégies des établissements évoluent au fil du temps. Le "cycle de vie de la vente au détail" est une hypothèse qui décrit la manière dont les établissements de vente au détail évoluent dans le temps (voir figure 3). Les quatre principales phases de la courbe de développement sont les suivantes : 1. Innovation ; 2. Croissance accélérée ; 3. Maturité ; 4. Déclin.

Figure 3 : Le cycle de vie de la vente au détail

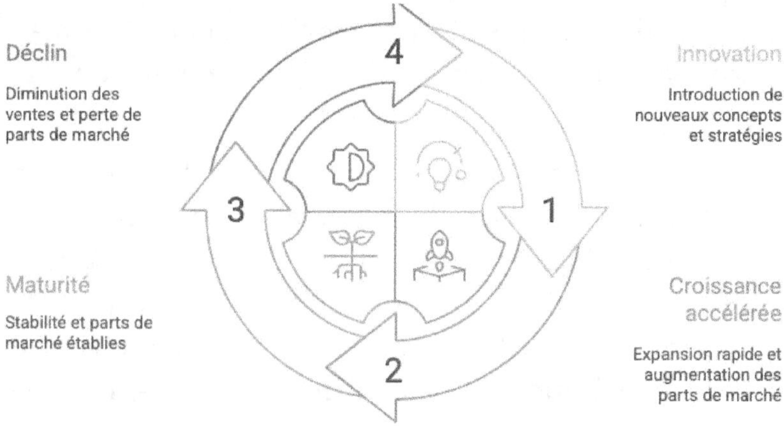

Source : Élaboration personnelle

Les auteurs font valoir qu'on peut trouver des exemples de chacune de ces théories dans la pratique du retail. Finalement, il est à préciser que les changements continus dans le retail sont provoqués par une les innovations technologiques, particulièrement les communications électroniques, entraînant des changements révolutionnaires dans le commerce de détail (Schultz, 1992).

1.1.2. Emplacement du magasin

La recherche sur l'emplacement des magasins détermine les caractéristiques spatiales des points de vente qui répondent le mieux aux objectifs des détaillants. Dans de nombreux secteurs de la vente au détail où des magasins concurrents proposent des produits, des prix et des services comparables, l'emplacement est le principal déterminant du choix du magasin du consommateur. L'emplacement est essentiel au succès des magasins et peut être une source de pouvoir sur le marché (Ingene & Ghosh, 1991). La recherche sur l'emplacement des magasins a abordé trois sujets principaux : les zones géographiques dans lesquelles un détaillant devrait pénétrer, l'emplacement des magasins individuels et la délimitation des zones de marché géographiques.

Au-delà de ces catégories analytiques, l'emplacement se révèle être un véritable point d'ancrage stratégique : il définit l'écosystème d'opportunités et de contraintes dans lequel l'enseigne va évoluer. Un bon emplacement capte des flux (piétons, automobilistes, navetteurs), mais capte surtout des histoires — habitudes de vie, rythmes urbains, moments de consommation — que le détaillant doit apprendre à lire et à intégrer dans son offre. En pratique, la décision d'implantation (voir figure 4) combine des critères quantitatifs (trafic, densité démographique, pouvoir d'achat, accessibilité) et des critères qualitatifs (image du quartier, affinité culturelle, synergies avec d'autres enseignes).

Figure 4 : L'équilibre dans les décisions d'implantation

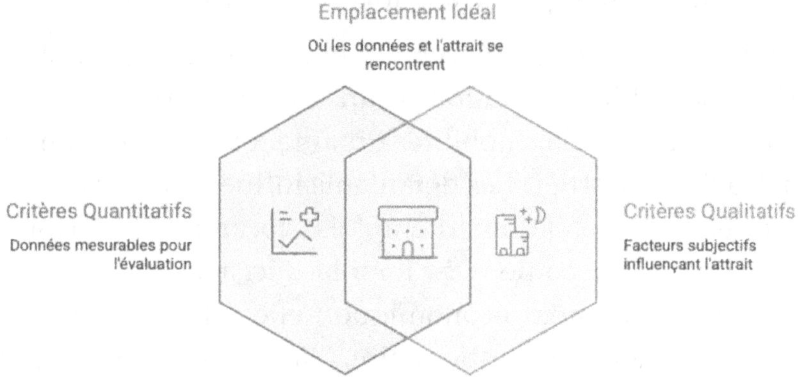

Source : Élaboration personnelle

Avec l'avènement des données géospatiales et du marketing programmatique, la sélection des sites s'est techniquement sophistiquée : heatmaps, analyses de chalandise fondées sur les téléphones mobiles, modélisation spatiale et tests A/B d'implantation permettent aujourd'hui d'objectiver des choix qui étaient anciennement guidés par l'intuition. Cependant, cette sophistication technique ne remplace pas le jugement stratégique : comprendre un lieu exige également d'y marcher, d'y observer les pratiques, d'entendre les conversations et de sentir l'ambiance — autant d'éléments qui échappent parfois aux modèles.

Par ailleurs, l'emplacement est désormais pensé en double dimension : physique et digitale. La présence en ligne d'un magasin (référencement local, avis, fiches Google Business, disponibilité des articles en click-and-collect) influence fortement le trafic réel. Un consommateur peut découvrir un point de vente sur son téléphone, vérifier la disponibilité d'un produit, et décider ensuite de s'y rendre — l'emplacement physique se mérite alors aussi une visibilité numérique. Les stratégies d'implantation intègrent donc la capacité du lieu à être « trouvé » et apprécié à la fois sur la carte et dans la rue.

Enfin, choisir un emplacement engage des responsabilités territoriales. L'implantation d'un magasin participe à la vitalité locale, à la mobilité urbaine et aux dynamiques sociales d'un quartier. Les détaillants influencent les parcours quotidiens, la création d'emplois locaux et parfois la transformation urbaine. Dès lors, la décision de localisation n'est pas uniquement économique : elle est aussi civique et culturelle. Pour le gestionnaire, la question stratégique devient ainsi : comment concilier performance commerciale, contribution au territoire et pertinence expérientielle pour le client ?

1.1.2.1 Le choix du magasin

Le choix du magasin est très étroitement lié à son emplacement, car l'emplacement est généralement un attribut essentiel du choix du magasin, et de nombreux modèles d'emplacement sont essentiellement des modèles de choix.

La recherche sur le choix du magasin est étroitement liée à la recherche sur le choix de la marque dans la littérature marketing. Plusieurs études récentes examinent la manière dont les consommateurs forment des ensembles de magasins alternatifs à fréquenter. Fotheringham (1988) propose un modèle de prise de décision hiérarchique dans lequel les consommateurs évaluent un petit ensemble de magasins, contrairement à d'autres modèles multinomiaux qui supposent que les consommateurs évaluent toutes les alternatives possibles. Timmermans et al. (1991) montrent que la concurrence entre les centres commerciaux est plus forte pour les centres qui appartiennent au même niveau hiérarchique dans les ensembles de choix des consommateurs, et plus faible pour les centres commerciaux qui se trouvent dans des ensembles différents.

Les résultats de ces études ont des implications importantes pour la stratégie de vente au détail puisqu'un magasin de détail doit être inclus dans l'ensemble évoqué par un consommateur pour être sélectionné.

1.1.2. L'image du magasin

L'image d'un magasin est étroitement liée à son positionnement. L'image des consommateurs se compose d'attributs spécifiques du magasin tels que le prix et les niveaux de service, ainsi que d'impressions globales du magasin (Zimmer & Golden, 1988). L'image du magasin est étroitement liée à la qualité et à la réputation des marques présentes dans le magasin. Les détaillants peuvent projeter une image favorable en stockant des marchandises qui ont une image positive dans l'esprit des consommateurs (Chu & Chu, 1994). En fait, Manrai & Manrai (1992) ont constaté que le déterminant le plus fort de la préférence pour un magasin est la nature des marchandises proposées (marques, modes, variété, qualité).

Tout comme les marques vendues dans un magasin affectent l'image du magasin, l'image du magasin peut affecter l'image de la marque. Dodds et al. (1991) ont constaté que des informations favorables sur un magasin influencent positivement les perceptions des consommateurs quant au niveau de la marque et leur volonté d'acheter. Bien que les recherches existantes aient exploré de nombreux aspects du positionnement du retail, de nombreuses questions subsistent quant à la manière dont ce positionnement est lié à la rentabilité, aux perceptions des consommateurs et à la fréquentation du magasin. Il est nécessaire de poursuivre les recherches sur l'élaboration mapping de positionnement des détaillants concurrents, en particulier à la lumière du croisement des assortiments de produits entre les différents types de détaillants.

1.1.3. Environnement physique

Un aspect important de la vente au détail est la façon dont l'environnement physique affecte le comportement d'achat et les perceptions. Par environnement physique, on fait allusion aux attributs physiques tels que la disposition du magasin, l'éclairage, la couleur et la musique qui peuvent influencer le comportement d'achat et le choix du magasin (Grossbart et al., 1990).

Par exemple, dans une étude sur les effets de la musique, Yalch et Spangenberg (1988) ont constaté que les acheteurs exposés à une musique inconnue pensaient passer plus de temps à faire des achats que ceux exposés à une musique familière. Il a été démontré que même les parfums agréables ont un effet positif sur le comportement d'achat (Spangenberg et al., 1996). L'affluence comme variable psychologique dans les magasins est un facteur environnemental particulièrement important.

Eroglu et Machleit (1990) ont constaté que les consommateurs engagés dans une tâche d'achat ressentaient davantage le sentiment d'encombrement que les consommateurs non engagés dans une tâche. Les perceptions de l'encombrement des magasins sont plus intenses chez les acheteurs qui perçoivent un risque plus élevé et une plus grande pression temporelle. En général, les détaillants peuvent créer des environnements de vente au détail plus efficaces en modifiant les conditions physiques afin de rendre l'expérience d'achat plus agréable et d'accroître la volonté d'achat des consommateurs (Babin et Darden, 1995).

L'environnement physique a longtemps été un domaine sous-étudié dans le commerce de détail, car l'étude de l'environnement exige des compétences de recherche plus courantes en géographie et en urbanisme que dans les sciences du comportement dont le marketing s'inspire plus facilement. L'environnement physique étant au cœur de la vente au détail en magasin, il convient d'encourager les recherches dans ce domaine.

1.2. Le retail en magasin : lecture tactique

Les décisions tactiques comprennent entres autres la commercialisation de produits auprès des consommateurs. En raison de leur proximité avec les consommateurs, les détaillants exercent un contrôle important sur les décisions de merchandising notamment. Nous passons ici en revue qu'une petite partie de la littérature académique relative aux activités de fixation du prix et de publicité dans le commerce de détail.

Les décisions tactiques traduisent, dans la pratique, la capacité du détaillant à animer l'espace de vente, à orchestrer l'assortiment, la présentation des produits, les prix et la communication sur le lieu de vente. Elles s'inscrivent dans un horizon plus opérationnel que les choix stratégiques, mais elles n'en demeurent pas moins déterminantes pour la performance du magasin et la qualité de l'expérience client.

À ce niveau, la tactique devient l'art d'agir dans le détail, de façonner la perception immédiate du consommateur à travers des signaux visuels, sensoriels et émotionnels. Elle repose sur des leviers concrets — le merchandising, le pricing, la promotion, l'ambiance — qui traduisent l'identité du magasin dans son quotidien. Là où la stratégie définit une direction, la tactique en matérialise la promesse, jour après jour, au contact direct du client.

Les décisions tactiques exigent donc un équilibre subtil entre logique économique et logique expérientielle. D'un côté, il s'agit d'optimiser la rentabilité des surfaces, la rotation des stocks et l'attractivité de l'offre. De l'autre, il faut maintenir la cohérence de l'univers de marque et l'émotion ressentie par le consommateur. Cette tension permanente entre efficacité et sens constitue le cœur du métier retail.

De plus, les avancées technologiques ont transformé la manière dont ces décisions sont prises. L'analyse des données de vente, des flux clients ou du comportement en rayon permet aujourd'hui d'adapter en temps réel les prix, les promotions et la disposition des produits. Le magasin devient un laboratoire d'expérimentation, où les décisions tactiques s'appuient autant sur l'intuition du commerçant que sur les outils d'aide à la décision pilotés par la donnée.

Enfin, la dimension humaine reste centrale. Les collaborateurs sur le point de vente incarnent les choix tactiques au quotidien : leur attitude, leur disponibilité et leur capacité à lire les attentes des clients donnent vie à la stratégie. C'est à travers ces interactions, souvent discrètes, mais décisives, que se joue la véritable efficacité du retail en magasin.

1.2.1. La fixation du prix

Comme dans la démarche marketing kotlerienne, la fixation du prix un élément indéboulonnable de la réflexion marketing. Toutefois, en retail le prix est un unique élément du mix retail du moment où on peut rapidement le modifier. En effet, les modifications du prix dans le retail ont des effets immédiats et spectaculaires sur les ventes. Intuitivement, la fixation des prix en retail devrait être une tache des plus simple. En réalité, c'est une des tâches les plus ardues en raison de tous les articles proposés par un détaillant qui sont des substituts concurrents. De même, tous les articles d'un magasin sont des compléments d'achat dans la mesure où ils peuvent être achetés ensemble. La fixation du prix de vente en retail est en effet une décision complexe étant donné qu'elle doit tenir compte des interdépendances de la demande, des relations de substitution et de complémentarité entre les différentes offres de produits (Vilcassim et Chintagunta, 1995).

Mulhern et Leone (1991) fournissent une base théorique pour répondre à cette question. Il s'agit d'une méthode qu'ils ont baptisée Implicit price bundling of retail products (Regroupement implicite des prix des produits de détail). Cette curieuse pratique est conseillée pour maximiser la rentabilité des magasins consiste à fixer le prix d'articles par rapport à d'autres articles sans fixer un prix commun explicite.

Par conséquent, les pratiques de fixation des prix de détail, ainsi que les promotions liées aux prix, visent essentiellement à permettre aux détaillants d'établir une discrimination par les prix entre les acheteurs et d'obtenir des bénéfices supérieurs à ceux que l'on peut obtenir avec des prix fixes (Dhar et Hoch, 1996). Un exemple simple de cette discrimination par les prix est la pratique des chaînes de magasins qui adoptent des prix différents dans différentes zones de marché en fonction de la sensibilité au prix des résidents (Hoch et al., 1995).

Pour fixer correctement les prix, les détaillants doivent comprendre comment les consommateurs utilisent le prix dans leurs décisions d'achat. En interrogeant directement des clients d'épiceries immédiatement après un achat, Dickson et Sawyer (1990) ont constaté que seuls 58% des acheteurs déclaraient avoir vérifié le prix d'un article acheté. Seul un acheteur sur cinq environ affirme avoir vérifié le prix d'un produit concurrent. Lorsqu'on leur a demandé de donner le prix payé pour un article, un peu moins de la moitié des personnes interrogées ont pu donner le prix exact. Dans une étude similaire, Krisbna et al. (1991) ont constaté qu'environ la moitié à trois quarts des acheteurs d'une catégorie de produits savaient correctement si l'article était en solde. Ces études montrent clairement que de nombreux consommateurs ne connaissent pas les prix de détail des marchandises qu'ils achètent. Par conséquent, les informations sur les prix fournies par les détaillants ne peuvent qu'influencer les habitudes d'achat d'une partie des acheteurs.

La plupart des changements de prix de détail sont soit de petites augmentations dans le temps qui ont peu d'effets immédiats sur les ventes, soit de grandes réductions de prix sous forme de promotions. Les hausses de prix inflationnistes conduisent les consommateurs à adapter leur comportement d'achat et de consommation (Jensen et Rao, 1988). Les activités d'adaptation comprennent le changement de marque, ou l'achat en plus grandes quantités.

Les études mentionnées ci-dessus fournissent des indications importantes sur la manière dont les consommateurs utilisent les informations sur les prix et y réagissent. À mesure que la vente au détail devient un processus plus intégré, la fixation des prix deviendra encore plus importante. Des recherches plus récentes avec une approche plus directe fondée sur les Big Data, montrent que les détaillants peuvent mieux faire correspondre leurs prix aux prix que les consommateurs sont prêts à payer, chose qui permet d'atteindre de meilleurs résultats.

1.2.2. La publicité

Sous réserve de la littérature traitée, deux principaux courants de recherche sur la publicité de commerce de détail émergent, il s'agit notamment :

a) la réaction des consommateurs à la publicité promotionnelle ;

b) les modèles mathématiques permettant de répartir les dépenses publicitaires.

Bien qu'une partie de la publicité du commerce de détail se déroule au niveau du magasin (le cas des PLV notamment), la plupart des publicités sont des publicités tactiques pour des produits ou des marques spécifiques. La plupart des publicités au niveau des articles sont concomitantes aux promotions de prix. La publicité a un effet synergique avec les promotions pour stimuler les ventes à court terme (Bemmaor et Mouchoux, 1991). Cependant, les effets de la publicité sur les ventes à long terme sont moins bien compris. La plupart des études sur la publicité promotionnelle ont tenté de séparer les effets de la publicité de ceux de la promotion. Une autre approche consiste à évaluer ces deux activités conjointement puisqu'elles sont généralement administrées ensemble (Mulhern et Leone, 1994).

L'utilisation de publicités orientées vers la promotion à court terme suppose l'existence d'un segment de marché qui lit régulièrement ces publicités. La part du marché qui prétend lire ces publicités pour faire ses courses a été estimée à 50% (Urbany et al., 1996). Ce segment est susceptible d'être plus orienté vers les prix et de mieux connaître les prix que les autres acheteurs (Krishna et coll, 1991). Un aspect central des prix spéciaux annoncés est la relation entre les ventes de ces articles et les ventes d'articles à prix régulier. Théoriquement, les prix spéciaux annoncés peuvent agir comme un signal du niveau général des prix dans le magasin (Simester, 1995). Cox et Cox (1990) montrent que lorsqu'un prix spécial est décrit comme une réduction par rapport à un prix normal, le magasin est perçu comme ayant des prix globaux plus bas. Comme on l'a vu plus haut, on a récemment démontré empiriquement que la vente de promotions de prix annoncées est liée positivement à l'achat de prix réguliers (Mulhern et Padgett, 1995).

Les publicités promotionnelles contiennent souvent des informations destinées à faire connaître les avantages de l'achat à prix cassé. Les publicités qui contiennent des informations sur les prix de référence (par exemple, les prix réguliers) génèrent une réponse promotionnelle plus importante que les publicités qui ne contiennent pas ces informations (Biswas et Blair, 1991).

La recherche empirique a permis de comprendre suffisamment les effets à court terme de la publicité promotionnelle de détail. Les recherches futures devraient être orientées vers les effets à long terme et la publicité sur l'image des magasins. La publicité continuera à jouer un rôle important dans une approche intégrée de la vente au détail. Cependant, l'accent sera mis moins sur les communications à grande échelle et plus sur les communications au niveau individuel basées sur l'historique des achats des clients. Enfin, la publicité doit être évaluée en conjonction avec d'autres communications marketing telles que les promotions, le marketing direct et les relations publiques.

1.3. Le retail hors magasin

Tout d'abord, il est à noter que très peu de recherches universitaires ont porté sur le commerce de détail hors magasin. Cette dernière faite référence à la commercialisation de biens et de services d'une manière qui n'implique pas de magasins de détail. Cela inclut la vente de porte à porte, les distributeurs automatiques et, surtout, le marketing direct. Bien que la vente au détail hors magasin ne représente qu'une petite partie des ventes au détail, elle continue de croître assez rapidement. Le principal moteur de la croissance du commerce de détail hors magasin est l'automatisation des pratiques de marketing direct rendue possible par la technologie informatique. Les développements technologiques aident le marketing direct sous deux aspects.

Premièrement, la collecte, le stockage et la technologie de réévaluation des données rendent disponibles de grandes bases de données d'informations sur les consommateurs individuels (Big. Data, mais aussi dernièrement Small Data[18]). Deuxièmement, la technologie des communications rend plus efficace et plus pratique le fait d'atteindre des consommateurs individuels avec des stratégies de marketing ciblées.

Quelques études se sont penchées sur les caractéristiques des consommateurs qui font des achats auprès de spécialistes du marketing direct. Par exemple, Peterson et al. (1987) ont constaté que 57 % des répondants ont déclaré avoir effectué un achat auprès d'une société de vente directe au cours de

---

[18] M. Bonde a écrit sur ce sujet pour Forbes, Direct Marketing News, CMO.com et d'autres publications. Selon Martin Lindstrom, dans son livre Small Data : "{Dans les études de clientèle, les petites données sont} des observations comportementales apparemment insignifiantes contenant des attributs très spécifiques pointant vers un besoin client non satisfait. Les petites données sont le fondement d'idées révolutionnaires ou de méthodes totalement nouvelles pour redresser les marques". Son approche est basée sur la combinaison de l'observation de petits échantillons et de l'intuition. Les spécialistes du marketing peuvent obtenir des informations sur le marché en recueillant des petites données en s'engageant auprès des gens et en les observant dans leur propre environnement. Par rapport aux Big Data, les Small Data ont le pouvoir de déclencher des émotions et de fournir des informations sur les raisons qui se cachent derrière les comportements des clients. Elles peuvent révéler des informations détaillées sur l'extraversion ou l'introversion d'une personne, sa confiance en soi, ses problèmes relationnels, etc.

l'année précédente. Les clients du marketing direct étaient plus jeunes, plus instruits et plus aisés que les non-clients. Les principales raisons invoquées pour acheter auprès d'une société de vente directe sont la commodité et le faible prix. Le principal inconvénient cité est la présomption d'achat exercée par les vendeurs. Les caractéristiques des acheteurs directs trouvées dans cette étude peuvent être utiles pour établir le profil des premiers adoptants des nouvelles technologies de marketing direct qui deviennent disponibles.

Par ailleurs, une distinction notable entre la vente au détail en magasin et le marketing direct est que dans la vente au détail en magasin, l'acheteur initie la transaction et se déplace jusqu'au vendeur ; en revanche, dans le marketing direct, le vendeur initie la plupart des transactions et se déplace (communique) jusqu'à l'acheteur. Cependant, les pages Web représentent une forme de marketing direct où le contact est initié par les clients. À mesure que le marketing direct se répand, la vente au détail deviendra plus proactive, les détaillants choisissant les clients qui correspondent aux produits et services qu'ils peuvent offrir. Dans la vente au détail en magasin, les acheteurs choisissent parmi les produits mis à disposition par le détaillant. En revanche, le marketing direct permet aux vendeurs de sélectionner, en un sens, les clients. En conséquence, nous devrions voir les décisions de vente au détail se concentrer davantage sur la segmentation et le ciblage des consommateurs individuels.

Finalement, il est à noter que l'importance du commerce de détail hors magasin dans la pratique du marketing est en pleine croissance. Des recherches plus approfondies sont nécessaires sur le marketing direct qui en est sa forme la plus saillante (Mulhern, 1997).

1.4. Le retail à international

Comme de nombreux domaines du marketing, la vente au détail est en train de s'internationaliser. Les entreprises peuvent internationaliser leurs opérations en investissant dans des détaillants étrangers, en exploitant des établissements dans de nombreux pays (distribution multinationale) et en adoptant une stratégie de distribution unifiée dans de nombreux pays. Étant donné que le commerce de détail a des liens très forts avec les marchés locaux, il ne se mondialise pas aussi rapidement que d'autres domaines du marketing. Peu de recherches ont exploré les aspects internationaux du commerce de détail. Les recherches existantes se limitent en grande partie à l'analyse des pratiques de distribution et de vente au détail dans des pays individuels ou dans des pays en développement.

Samiee (1993) propose un examen complet des questions de distribution et de vente au détail dans les pays en développement. Comme ici on essaye de passer en revue les nombreux aspects de la vente au détail dans les pays en développement, nous nous abstenons d'une discussion détaillée du sujet. En général, Samiee (1993) décrit comment les conditions économiques et sociales des pays en développement donnent lieu à de nombreux aspects uniques de la vente au détail dans ces pays, notamment l'inefficacité des canaux de distribution, la faiblesse des marges unitaires et des marges bénéficiaires nettes, et les préférences des acheteurs pour la variété des produits et les petits emballages.

Goldman (1992) fournit un profil détaillé du système de distribution japonais. Le système de distribution japonais est parfois critiqué pour son inefficacité et son accès restreint aux entreprises étrangères. Goldman adopte une perspective institutionnelle et écologique pour montrer que si le système de distribution japonais est inefficace selon certaines mesures (productivité du travail, niveaux de prix), il est efficace en termes de service à la clientèle, de réactivité aux besoins des clients et d'adoption de nouvelles technologies. La valeur de cette analyse pour le commerce de détail international en général est qu'elle montre comment les méthodes de distribution qui sont efficaces dans certains pays peuvent ne pas, et peut-être ne devraient pas, être employées dans d'autres pays. Dans une étude antérieure, Goldman (1991) montre que l'économie politique du commerce de détail japonais est restée très traditionnelle. Les changements dans le commerce de détail japonais ne se produiront que si cette économie politique évolue pour s'adapter à des pratiques de distribution plus modernes et plus efficaces. In fine, de nombreux aspects de la vente au détail internationale sont identiques à ceux des canaux internationaux en général. La structure des canaux de commercialisation est étroitement liée à l'infrastructure physique. Au fur et à mesure que l'infrastructure se développe, la pratique de la vente au détail devrait se mondialiser davantage.

1.5. Vers l'expérience du retail

Il ressort de cet examen que de nombreux aspects du secteur retail et du comportement des consommateurs sont bien compris. Bien que de nombreuses questions restent à explorer dans les courants de recherche existants. Le développement et l'application de la recherche dans ces domaines amèneront le marketing retail au niveau de sophistication et d'efficacité déjà présent la logistique par exemple. Cela placera le marketing au premier plan de la pratique du retail.

Le mouvement vers un marketing plus intégré et basé sur les données a d'énormes conséquences pour la vente au détail en magasin. Alors que le marketing direct prend le pas sur de nombreux aspects routiniers de la vente au détail, les magasins vont évoluer pour devenir des lieux de rassemblement et d'interaction sociale. En 1972, Edward Tauber a écrit un article intitulé "Why do people shop?" (Pourquoi les gens font-ils des achats ?) où il y affirme que les gens font des achats non seulement pour acquérir des biens, mais aussi pour vivre une "interaction sociale en dehors de la maison" (Tauber, 1972).

Les magasins de détail, en particulier les centres commerciaux haut de gamme, offrent un endroit confortable où les gens peuvent se rassembler. Dans de nombreux pays développés, le troisième endroit où un individu a le plus de chances de se trouver, après son domicile et son travail, est un magasin[19].

Le shopping dans les magasins est plus qu'un moyen d'acquérir des produits. Pour de nombreux consommateurs, le shopping est une activité de loisir - une occasion de socialiser dans un lieu public. À cet égard, les centres commerciaux sont devenus des centres urbains modernes (Bloch et al., 1994). Cet aspect social du shopping ne doit pas être ignoré. Le marketing direct a le potentiel de supplanter de nombreuses formes d'achats en magasin. Cependant, il n'offre pas l'interaction sociale et le sentiment d'appartenance des magasins de détail. C'est pourquoi nous commençons à voir, dans un nouveau tour de la roue du commerce de détail, les magasins devenir des lieux de rassemblement - des librairies avec des cafés internes, des centres commerciaux

---

[19] Il s'agit ici d'un clin d'œil fait aux travaux du sociologue Ray Oldenburg dans son livre influent « *The Great Good Place* » (1989). Le livre introduit la notion de « Tiers-lieu » qui désigne l'environnement social distinct des deux environnements sociaux habituels que sont le domicile ("premier lieu") et le lieu de travail ("deuxième lieu"). Les édifice religieux, les cafés, les clubs, les bibliothèques publiques, les librairies ou les parcs sont des exemples de tiers lieux.

avec des salles de réunion et des aires d'exercice, des supermarchés avec des cafétérias. La recherche sur le commerce de détail en magasin doit s'élargir pour englober les aspects holistiques du shopping en magasin, et pas seulement l'achat.

2. Le retail apocalypse : un déclin confirmé du modèle de la distribution classique ?

Du grec ancien « ἀποκάλυψις , apokálypsis », le nom féminin apocalypse signifie " révélation" , "lever le voile" ou encore " divulgation. Dans ce sens, Carey (2012) précise qu'au propre, apocalypse est avant tout un genre littéraire, là où un être surnaturel utilise rêves, visions et voyages célestes pour révéler les mystères cosmiques ou l'avenir à un intermédiaire humain. D'une manière synthétique, apocalypse serait alors, voir quelque chose qui a été caché[20].

Dans la même veine, le professeur d'exégèse critique[21] John J. Collins définie l'apocalypse comme " un genre de littérature révélatrice avec un cadre narratif, dans lequel une révélation est transmise par un être de l'autre monde à un destinataire humain, dévoilant une réalité transcendante qui est à la fois temporelle, dans la mesure où elle envisage un salut eschatologique, et spatial, dans la mesure où elle implique un autre monde, surnaturel " (Lewis 2004). Collins a par la suite affiné sa définition en ajoutant que l'apocalypse " vise à interpréter les circonstances terrestres présentes à la lumière du monde surnaturel et de l'avenir, et à influencer à la fois la compréhension et le comportement de l'auditoire au moyen de l'autorité divine "(Lewis 2004).

---

[20] Saint Jean à Patmos (1618), avoir une vision apocalyptique.
[21] L'exégèse critique est une étude approfondie et critique d'un texte, appliquée à la Bible. On appelle exégète une personne qualifiée pour ce type de travail.

Au-delà de cette première acceptation définitionnelle, apocalypse serait aussi un synonyme de « catastrophe » voir de « fin du monde[22] » . Ici, c'est ce sens figuré qui est mobilisé et recherché pour rendre compte du changement survenu très récemment dans le secteur retail. Un changement, en effet, catastrophique vu que l'expression reflète la fermeture en masse de magasins de vente au détail et en particulier de magasins classiques/physiques de type *brick-and-mortar*[23] . Le phénomène s'est amorcé début 2010 aux États-Unis notamment avant de toucher le reste du monde. Aussi, il est à préciser que c'est les magasins des grandes chaînes de distribution dans le monde qui ont été le plus concernées[24] .

Plus particulièrement, le spécialiste de la Tech, Jordan Valinsky (2019) explique que les détaillants aux États-Unis ont annoncé officiellement la fermeture de plus de 12 000 magasins traditionnels - et donc physiques - en raison de multiples facteurs. Entre autres la sur-expansion des centres commerciaux, la hausse des loyers, les faillites des rachats par emprunt, les faibles bénéfices trimestriels (en dehors de la frénésie des fêtes), les effets différés de la Grande Récession[25], mais aussi et surtout des grands changements dans les habitudes de consommation.

---

[22] Selon le dictionnaire libre Wiktionnaire.

[23] Le terme "brick and mortar" (également "briques et mortier" ou "B&M") fait référence à la présence physique d'une organisation ou d'une entreprise dans un bâtiment ou une autre structure. Le terme "brick- and-mortar" est souvent utilisé pour désigner une entreprise qui possède ou loue des magasins de détail, des installations de production en usine ou des entrepôts pour ses activités. Plus précisément, dans le jargon des entreprises de commerce électronique des années 2000, les entreprises "brick-and-mortar" sont des entreprises qui ont une présence physique (par exemple, un magasin de détail dans un bâtiment) et qui offrent des expériences face à face à leurs clients.

[24] Peterson, Hayley (1 January 2018). "A tsunami of store closings is about to hit the US — and it's expected to eclipse the retail carnage of 2017". businessinsider.com. Retrieved 4 January 2018.

[25] Thompson, Derek (10 April 2017). "What in the World Is Causing the Retail Meltdown of 2017?". The Atlantic. Retrieved 10 April 2017.

Le dernier point du changement dans les habitudes des consommateurs peut être expliqué par divers facteurs, le facteur qui ressort le plus est celui du changement constant dans les structures des dépenses des consommateurs. Ces derniers sont plus tentés par des dépenses liées à l'expérience ont augmenté par rapport aux dépenses liées aux biens matériels et aux maisons. Ce type de comportement dans une société a été observé et analysé bien plus tôt par divers auteurs et chercheurs. On en trouve un bon exemple dans le livre pionnier des futuristes Alvin et Heidi Toffler, Future Shock déjà citée entre les pages du premier chapitre. A titre de rappel, les Tofflers y traitent des changements rapides de la société de consommation et explorent les moyens pour les humains de s'y adapter. Au chapitre 10, The Experience Makers, ils affirment qu'une économie axée sur la satisfaction psychique est en train de se créer, et qu'un processus de "psychologisation" se met en place et que les humains s'efforceront d'obtenir une meilleure "qualité de vie". Les fabricants de biens ajouteront une "charge psychique" aux produits de base, la composante psychique des services se développera et nous assisterons à l'essor des industries de l'expérience dont la seule production consiste en des expériences préprogrammées, y compris des environnements simulés qui offrent aux clients un avant-goût de l'aventure, du danger ou d'un autre plaisir[26].

Un autre facteur explicatif du retail apocalypse se trouve dans l'essor exponentiel du commerce électronique[27] . En effet, le commerce électronique a manifestement contribué aux changements du comportement des consommateurs et la prépondérance hégémonique de ses représentants les plus

---

[26] Toffler, Alvin & Heidi (1970). Future Shock. Toronto New York London: Random House (1970) Bantam Books (1971). p. Chapter 10. ISBN 0553101501.
[27] Photo slideshow of shuttered retail stores and shopping centers Business Insider

fidèles - The Alibaba Group, Amazon, JD.com, Pinduoduo, Walmart - peut en témoigner. Dans la même veine, un rapport de la Business Insider (2017) relate qu' à lui seul Amazon génère plus de 50 % de la croissance des ventes au détail[28] , on parle alors en terme de "l'effet Amazon".

Cela va sans dire que cette tornade impitoyable de faillites et de fermetures de magasins s'est considérablement intensifiée pendant la pandémie de COVID-19, la plupart des magasins de détail, en particulier les détaillants basés dans les centres commerciaux déjà en difficulté, fermant pour des périodes prolongées[29] J. Crew, Neiman Marcus, Barneys New York, Stage Stores, JCPenney et Tuesday Morning ont été parmi les détaillants à déposer le bilan pendant la pandémie[30].

Toutefois, une autre source a relayé que malgré ce contexte apocalyptique, nombre de détaillants au modèle classique ont su se relever. Plus précisément, il s'agit de détaillants ayant adopté une stratégie Low-Cost à l'image de Walmart, Target et les marques de " fast-fashion " à bas prix, comme les Zara, Uniqlo, Cotton On et H&M, etc. En même temps, le titan de la recherche IHL Group[31] a produit une contre-information sur ce propos. Sur leur étude intitulée: "IHL Study: Five retailers opening stores for every retailer closing stores" il montre que lorsqu'un détaillant ferme de nombreux magasins, cela en dit

[28] Taylor, Kate (1 November 2017). "One statistic shows how much Amazon could dominate the future of retail". Business Insider. Retrieved 15 January 2020.
[29] Peterson, Hayley (9 April 2020). "Coronavirus could trigger a second coming of the retail apocalypse, with a new wave of bankruptcies and store closings expected to sweep the nation". Business Insider. Retrieved 8 May 2020.
[30] D'Innoncenzio, Anne. "Tuesday Morning faced 'severe consequences' from COVID-19". chicagotribune.com.
[31] Le IHL Group est une société de recherche et de conseil mondiale spécialisée dans les technologies destinées aux secteurs du commerce de détail et de l'hôtellerie. La société, basée à Franklin, Tennessee, génère des rapports de données opportuns, offre des services de conseil et est le principal porte-parole de la technologie de la vente au détail lors des événements de l'industrie et des fournisseurs.

plus sur le détaillant individuel que sur l'ensemble du secteur du commerce de détail... Cette donnée sera développée et analysée en profondeur dans les sections suivantes.

2.1. Le retail apocalypse : entre illusion et réalité

Plusieurs études ont exploré ce phénomène, et ce, de plusieurs angles. Entre autres, les travaux de Halem et al. (2020) qui ont parcouru l'évaluation par le consommateur américain de ces profonds changements sous le qualificatif polémique du retail apocalypse. Pourtant, il existe depuis quelques années déjà, des signes très forts d'une restructuration incessante du secteur du retail, dont les détaillants traditionnels - et donc physiques - pourraient ne pas s'en remettre complètement. Avec unanimité, cette transformation aura de vastes implications pour les consommateurs, le secteur en question, l'économie et la société en général[32].

Au cours des dernières années, les rebondissements médiatiques traditionnels[33] (presse écrite ou digitale) sur un paysage de la vente au détail physique (brick-and-mortar) se sont multipliés, pour condamner un modèle dépassé et archaïque qui n'est plus au goût du jours[34].

Certains experts[35] du secteur s'attendent même à ce que l'environnement de la vente au détail physique subisse des

---

[32] Retail Apocalypse Gives More Women a Shot as CEO: A strong bench of female candidates is benefiting from the industry's woes Bloomberg, Jordyn Holman and Jeff Green, December 13, 2019.
[33] Driscoll, Kara (27 March 2017). "RETAIL APOCALYPSE: 3,500 stores or more to close this year". WHIO TV 7. WHIO-TV. Retrieved 8 April 2017.
[34] Macy's is closing 28 stores and a Bloomingdale's store, Jordan Valinsky, CNN Business, January 8, 2020.
[35] Thompson, Derek (10 April 2017). "What in the World Is Causing the Retail Meltdown of 2017?". The Atlantic. Retrieved 10 April 2017.

dommages catastrophiques[36], utilisant la même terminologie " Retail Apocalypse " pour décrire la fermeture d'un grand nombre de magasins de vente au détail physique surtout aux États-Unis à partir de 2015. Selon certains rapports, le commerce de détail aux États-Unis a atteint un "point de basculement", indiquant une restructuration permanente du commerce de détail à la suite de laquelle les détaillants physiques traditionnels pourraient ne pas se rétablir (Corkery, 2017). Cela reste vrai même si une augmentation de la confiance des consommateurs et une diminution des taux de chômage ont été signalées (Bureau of Labor Statistics, 2018).

Le retail apocalypse n'est pas propre aux États-Unis (voir par exemple Butler, 2018) et l'agence britannique chargée de la collecte et la publication des informations statistiques sur l'économie, la population et la société (The Office for National Statistics) a publié a rapport constatant le même phénomène en Grande-Bretagne. En 2019, les statistiques confirment la même attitude apocalyptique dans le secteur retail européen. Épaulé par les recherches et les statistiques du Centre for Retail Research, le Royaume-Uni a enregistré plus de 140 000 emplois[37] dans le commerce de détail, soit 2 750 emplois par semaine qui ont été supprimés au cours de la même année.

Malgré cela, c'est surtout sur le marché américain que ce phénomène est omnipotent et les fermetures de magasins ont plus que triplé par rapport à 2016 pour atteindre environ 7000 (Isidore, 2017). Pendant ce temps, le commerce de détail électronique n'a cessé d'augmenter. Par exemple, les ventes de

---

[36] Bomey, Nathan (12 June 2017). "Gymboree files bankruptcy, closing up to 450 stores". USA Today. Retrieved 12 June 2017.

[37] Il s'agit du taux le plus élevé de suppressions d'emplois en 25 ans dans les zones commerciales britanniques à forte fréquentation, appelées "high streets", et il marque une augmentation de plus de 20 % d'une année sur l'autre, par rapport aux 117 400 emplois supprimés en 2018, indique le rapport.

commerce électronique ont augmenté de 101% entre 2011 et 2016[38]. Rien qu'en 2017, les ventes de commerce électronique ont augmenté de 16 % aux États-Unis (US Census, 2018).

Les preuves d'un changement profond et systématique dans le commerce de détail sont convaincantes, comme l'ont évoqué les médias d'information (Townsend et al., 2018), les recherches universitaires (Grewal et al., 2017), et comme l'illustrent le rythme et l'ampleur des fermetures de magasins au cours des dernières années. Il ne fait aucun doute qu'une transformation à grande échelle de l'espace physique de vente au détail aura un impact sur les communautés locales à mesure que les centres commerciaux et autres magasins de briques et mortiers disparaîtront. Dans le même temps, les routines quotidiennes des consommateurs seront affectées lorsque davantage d'achats seront conduits en ligne ; et la société dans son ensemble pourrait connaître d'importants changements socioéconomiques, tels que des mutations dans une industrie qui employait 10,1 % de tous les travailleurs américains en 2016 (Bureau of Labor Statistics, 2018).

Le point de vue des consommateurs sur un paysage de vente au détail en transition présente un intérêt particulier chez la communauté scientifique (Bailey et al., 2010 ; McArthur et al., 2016). Encore une fois à cause de l'introduction d'Internet et de la concurrence acharnée, la structure du pouvoir entre les consommateurs et les détaillants a sans doute basculé en faveur des consommateurs (Rezabakhsh et al., 2006). Les consommateurs peuvent maintenant, plus que jamais, façonner - peut-être même dicter- le changement dans le secteur du commerce de détail. Plus important encore, la façon dont les consommateurs perçoivent et vivent l'environnement de la vente au détail, et

[38] Mark James, Retail Apocalypse Online competition drives store closings Archived 9 February 2019 at the Wayback Machine [1], July 16, 2018

la façon dont les nouveaux développements affectent leur prise de décision, sont essentiels pour comprendre les coûts et les avantages qui en résultent pour les consommateurs et les détaillants, puisque ce sont les consommateurs qui décident en fin de compte ce qu'ils achètent et où ils le font.

L'évolution du commerce de détail peut avoir un impact transformateur et de grande envergure sur la vie des consommateurs et de la société en général, une perspective souvent minimisée dans les recherches existantes (Clarke et al., 2006 ; Reynolds et al., 2007), mais tout de même fondamentale pour le bien-être futur de la société. Si certaines études analysent les avantages positifs potentiels de l'expansion du commerce électronique, notamment la croissance de l'emploi et la réduction des inégalités sociales (par exemple, Mandel, 2017), à notre connaissance, il manque toujours une recherche formelle en sciences sociales sur les conséquences de la transformation actuelle du commerce de détail.

2.2. Le retail apocalypse et le e-commerce : une courte analyse

Le commerce électronique est devenu en quelques années seulement l'un des secteurs économiques les plus juteux. Force est de constater qu'il est pratiquement impossible de lire un journal ou un magazine professionnel sans être confronté à au moins un article sur le succès ou l'échec d'une entreprise de commerce électronique. Connectez-vous au site web de n'importe quelle grande société de conseil telle que McKinsey & Company ou Boston Consulting Group et il est possible de télécharger l'édition actuelle de leur dernière étude sur le commerce électronique et pourquoi pas de suivre leurs conseils désignés en la matière.

Ici, nous allons essayer de nous concentrer sur l'examen du commerce électronique en effet, mais surtout de sa relation avec le secteur du retail. Aussi, nous tenons à préciser que nous allons nous préoccuper davantage du commerce électronique de l'entreprise au consommateur final - c'est-à-dire de la branche B-to-C souvent appelée e-retail également - plutôt que des perspectives plus larges, plus holistiques, qui intégreraient le marché de l'entreprise à l'entreprise (le B-to-B) ou même des conceptualisations récentes plus larges du "*New Commerce* " (Dawson, 2001).

Cette sous-section vise donc à examiner l'impact du commerce électronique sur la structure de la vente au détail en réexaminant légèrement les processus de la vente au détail[39]. Il convient aussi de souligner que l'approche adoptée ici consiste à passer en revue la littérature académique ainsi que les études publiées par quelques autorités professionnelles à l'image des cabinets de conseil. Ces études publiées reflètent des preuves qui seront discutées et analysées dans le but de déceler les tendances et de commenter les orientations probables du changement en preuve dans le secteur du retail. Les paragraphes en perspective sont alors un examen qui ne présente en aucun cas de nouvelles preuves.

2.2.1.Les projections du marché : la fin du retail tel que nous le connaissons ?

Comme pour la plupart des innovations en phase de lancement, il existe une pléthore d'opinions sur le succès,

---

[39] Dans un monde dominé par le jargon, nous devrions nous rappeler que le e-commerce est appréhendé ici selon l'approche de « l'innovation de processus ». C'est-à-dire que le e-commerce est la technologie qui fournit la capacité de reconfigurer les relations commerciales, les canaux de distribution existants et la possibilité d'introduire de nouvelles opérations.

l'échec et l'impact à long terme. En effet, l'histoire des achats des consommateurs sur Internet est parsemée de surestimations spectaculaires du taux d'adoption par les consommateurs. Plus particulièrement, il semble que l'arrivée du commerce électronique a suivi la loi très discutée du philosophe allemand Schopenhauer. N'est-ce pas lui qui disait que toute révolution passe toujours par trois étapes : ridicule, dangereux et évident ?

Le commerce électronique a effectivement provoqué d'abord un déni, puis un choc, qui est à son tour suivi de phases de reconnaissance et d'adaptation, et comme le dit si bien Katros (2000) « les détaillants sont passés par les étapes du choc, du déni, de la colère, du chagrin et de l'acceptation pour faire face à l'Internet, et ils se précipitent maintenant pour identifier et sécuriser les moyens de protéger leur franchise ».

Par ailleurs, les projections de l'impact futur varient considérablement. Des estimations actualisées provenant d'une série de sources sont régulièrement fournies sur le site http://www.marketspace.org et confirment à nouveau des variations considérables dans les estimations des ventes et de la taille du marché. D'autres chiffres figurant sur ce site Web montrent toutefois que la technologie du commerce électronique continue et continuera de s'imposer. La plupart de ses projections sont basées sur une analyse sectorielle de l'impact et Stern (1999) identifie des secteurs à fort, moyen et faible impact. En l'occurrence, les secteurs à fort impact (prenant entre 10 et 20% du marché) comprennent les livres, la musique, les produits de bureau, les jouets, les ordinateurs ; les secteurs à impact modéré (3-5%) comprennent les articles de sport, les vêtements, l'équipement de la maison et les pièces détachées automobiles ; et les secteurs à impact limité (0-2%)

sont considérés comme le bricolage, l'épicerie, les chaussures, les meubles.

D'autres projections de Forrester notamment (pour les États-Unis) montrent que les niveaux de pénétration les plus élevés concernent les logiciels informatiques (50 %) et le matériel informatique (40 %), suivis par la musique (25 %), les livres (16 %) et la vidéo (15 %), tandis que l'alimentation et les boissons (3 %), les meubles (5 %) et les outils et le jardin (5 %) sont les moins touchés. En comparaison avec les projections de Verdict pour le Royaume-Uni, on constate une répartition similaire de l'impact entre les secteurs, bien que la projection de Verdict concernant l'épicerie au Royaume-Uni soit nettement plus élevée que celle suggérée pour les États-Unis.

Du côté de la sphère académique, une brève revue de littérature (il s'agit notamment des travaux de Rowley, 1996 ; Pavitt, 1997 ; Morganosky, 1997 ; Morganosky et Cude, 2000 ; Doherty et al., 1999 ; Hart et al., 2000 ; Zott et al., 2000) nous propose une vue d'ensemble de l'évolution de la vente au détail électronique (e-retailing) et qui tend également à suivre un cadre sectoriel pour leurs rapports.

Ces projections sectorielles sont intuitivement attrayantes et s'inscrivent dans la tradition des segmentations du marché basées sur les produits[40]. Toutefois, comme pour le commerce de détail traditionnel en magasin, les projections sectorielles masquent l'éventail des approches adoptées et peuvent, en fin de compte, limiter notre compréhension du potentiel du

[40] Burt et Sparks (2003) expliquent que les caractéristiques de base des produits, telles que la taille physique, le poids, le caractère périssable et l'effet de mode, permettent d'expliquer dans une certaine mesure l'adoption et l'intérêt variés manifestés par certains détaillants au sein des secteurs. Il existe également un lien évident avec l'évolution des caractéristiques des produits et, en particulier, avec la capacité de numérisation, de saisie et de transmission électroniques.

commerce électronique. Dans le commerce de détail "en briques", nous reconnaissons un large éventail d'options de positionnement adoptées par les opérateurs en fonction des motivations et des valeurs des consommateurs. Pourtant, à ce jour, dans le commerce de détail "clics", l'accent semble être mis principalement sur les évaluations macroéconomiques basées sur les secteurs de produits, bien qu'il y ait des travaux émergents sur la stratégie de marque (par exemple, Davis et al., 2000).

Pour évaluer l'adoption future du commerce électronique, l'acceptabilité du concept par les consommateurs et la manière dont ils interagissent avec ce nouveau moyen de vente au détail sont cruciales. La vente au détail électronique exige un changement de certains des processus traditionnels du comportement d'achat, comme la recherche d'informations, la méthode d'achat, la possession du produit. Certains travaux universitaires ont examiné les motivations et les réactions des consommateurs face aux environnements virtuels. En particulier, les travaux pionniers de Hoffman et Novak (2000) fournissent un aperçu précieux du marketing et des interactions des consommateurs avec les ordinateurs. De même, les travaux de Peterson et al. (1997) constituent un examen judicieux de certaines des questions importantes. Reynolds (2000) fournit une évaluation critique très utile de nombreux aspects du commerce électronique, y compris la réaction des consommateurs. Brynjolfsson et Smith (2000) utilisent un examen détaillé des prix et des achats sur les marchés du livre et du CD pour explorer un certain nombre de questions clés liées aux consommateurs et au marché. Bakos (2001) se penche également sur les impacts de ce qu’il a appelé les " marchés numériques ".

Bien que les travaux mentionnés ci-dessus explorent le processus d'achat des consommateurs, on peut se demander dans quelle mesure le processus de vente au détail et le positionnement des détaillants ont été pleinement analysés. Du point de vue de la vente au détail, une distinction de plus en plus marquée est faite sur la base des modes d'achat, avec une ligne de démarcation entre, par exemple, les achats banals/répétitifs et les achats ludiques. Sparks et Findlay (2000) identifient trois approches différentes, qui, selon eux, sont communément reconnues dans le commerce de détail "traditionnel".

- Tout d'abord, les offres de " Price Driven ", qui mettent l'accent sur la transparence des prix et la recherche du prix le plus bas pour un produit ou un service.

- La deuxième option est la "prestation de services", qui offre une large gamme d'options de produits/services pour satisfaire le désir d'unicité ou de distinction.

- Enfin, les offres de "gain de temps", peut-être mieux définies comme des "services de livraison", où les éléments de base des achats de routine peuvent être livrés à domicile.

D'autres perspectives sur le commerce électronique, comme indiqué ci-dessus, peuvent être dérivées du contenu du rôle joué dans le processus d'achat, qu'il s'agisse simplement de la collecte d'informations ou de l'achat et de la livraison. Certains auteurs reconnaissent également que le commerce électronique peut créer une caractéristique unique ou à valeur ajoutée grâce à l'établissement de communautés (Kotha, 1998), bien que la profondeur et la cohésion de ces " communautés " et les exigences imposées à leurs membres ne soient pas claires.

Quelle que soit l'interprétation qui en est faite, le succès de la vente au détail électronique dépendra en fin de compte de l'utilisation et de l'acceptation par les consommateurs. Ceux qui minimisent l'impact à long terme ou qui mettent l'accent sur les éventuels impacts sociaux négatifs mettent en avant les questions d'accès et de division sociale potentielle (voir Foresight Retail and Consumer Services Panel de l'an 2000 ou, une base beaucoup plus internationale avec le rapport de l'OCDE en la matière de 1999).

Les médias sont prompts à rapporter tout problème lié à l'expérience d'achat sur Internet. Le tableau 2 fournit un résumé des problèmes les plus courants liés à l'achat en ligne.

Tableau 2 : Problèmes signalés en matière de commerce électronique

Problèmes rencontrés	**%**
Le produit que je voulais acheter était en rupture de stock	64
Le produit n'a pas été livré à temps	40
J'ai payé trop cher pour la livraison du produit	38
Problèmes de connexion ou de téléchargement	36
Je n'ai pas reçu de confirmation ou de rapport sur l'état de l'achat	28
Les sélections étaient limitées	27
Site web trop difficile à naviguer	26
Les prix n'étaient pas compétitifs	22

Source : Anderson Consulting rapporté dans Ody (2000).

A un niveau plus stratégique, d'autres reconnaissent un certain nombre de défis fondamentaux pour le commerce électronique. Reynolds (1997) identifie quatre problèmes majeurs :

- la transférabilité des marques de détail ;
- l'adéquation ;
- la disponibilité des réseaux de distribution ;

- les aspects pratiques de l'extension des parts de marché;
- les relations avec les fournisseurs.

Parmi les autres obstacles suggérés par Stern (1999), citons : un modèle financier non éprouvé, des taux de retour de marchandises élevés, l'établissement de la confiance des clients, les coûts de distribution, la rationalité limitée et le processus cognitif différent entre les achats amusants et les achats courants.

2.3. Le retail apocalypse : un corpus sous-théorisé

Aujourd'hui, alors que de nombreux grands magasins - tout comme les centres commerciaux qui les englobent souvent- sont en voie d'extinction[41], le retail apocalypse reste grandement sous-théorisé. Toutefois, de grands analystes du commerce de détail estiment que d'ici 2023, un quart des centres commerciaux (surtout aux États-Unis) pourraient se voir cesser leurs activités (McArthur et al., 2016 ; Sanburne, 2017). Parmi les facteurs responsables des changements en cours dans le retail, les experts du secteur ont cité :

(1) la croissance effrénée de l'espace de vente au détail (Townsend et al., 2018) ;

(2) le surendettement résultant des rachats par emprunt (Thompson, 2017) ;

(3) les nouveaux formats de vente au détail axés sur la technologie (Roese et al., 2012).

Par ailleurs, des recherches assez récentes désignent l'évolution du pouvoir des consommateurs comme l'un des

[41] A cette fin, le media américain d'information d'entreprises «*Business Insider*», procure un diaporama complet et imposant de photos de magasins de détail et de centres commerciaux fermés et totalement désertés.

principaux facteurs qui façonnent l'environnement du commerce de détail aujourd'hui (Labrecque et al., 2013). Les consommateurs ont pris une position dominante grâce à l'adoption du commerce électronique, car le nombre de fournisseurs alternatifs s'est multiplié et le coût de la comparaison des prix à travers le monde est devenu insignifiant (McArthur et al., 2016). L'un des moyens par lesquels les consommateurs ont gagné en pouvoir de négociation est l'accès à l'information via Internet (Barrutia et al., 2005) et l'augmentation de la transparence du marché qui en résulte (Hansen et al., 2006). Comme l'a fait valoir Shipman (2001), l'information en soi est un pouvoir via la possibilité de faire de meilleurs choix. La plus grande facilité d'entrée sur le marché a également entraîné une concurrence accrue entre les fournisseurs et un plus grand choix pour les consommateurs. En même temps, ils ont le pouvoir de se faire entendre en s'engageant dans un bouche-à-oreille négatif et en se plaignant ou, en général, en communiquant avec l'entreprise ou des tiers tels que des organisations de consommateurs (Rezabakhsh et al., 2006).

Shipman (2001), à son tour, a proposé l'argument de la "nouvelle souveraineté du consommateur" pour expliquer le règne du consommateur et de l'Internet. Selon Shipman, l'intensification de la concurrence conduit les entreprises à se concentrer sur leur proposition de valeur unique, et nombre d'entre elles ont choisi d'investir dans leurs stratégies de relation avec le client, en améliorant la qualité de leurs produits, de leurs services et du rapport qualité/prix global.

Par conséquent, les consommateurs ont le pouvoir de choisir, parmi un large éventail d'options concurrentes, celle qui répond le mieux à leurs besoins. En effet, la structure concurrentielle de l'environnement du commerce de détail a radicalement changé dans la mesure où les clients utilisent désormais plusieurs canaux de manière fluide, choisissant finalement celui qui répond le mieux à leurs objectifs d'achat pour chaque transaction (Keen et al., 2004 ; Balasubramanian et al., 2005).

Face à ce consommateur puissant, plusieurs chercheurs ont commencé à plaider en faveur d'une théorie du contre-pouvoir du consommateur (voir Rha et Widdows, 2002 ; Rezabakhsh et al., 2006). La théorie du contre-pouvoir, introduite pour la première fois par Galbraith (1952), a été principalement utilisée pour expliquer les relations de marché entre acheteurs et fournisseurs.

Cette théorie propose essentiellement le déséquilibre du pouvoir économique comme principal moteur du changement (McArthur et al., 2016). Les fournisseurs détenant le plus de pouvoir face aux acheteurs dans les années 1960, les relations entre les deux parties ont évolué pour laisser place à un changement de pouvoir (contre-pouvoir) à la suite duquel les détaillants ont commencé à régner sur les fournisseurs depuis les années 1980. Avec un pouvoir accru entre les mains des consommateurs, on peut affirmer qu'un nouveau changement de pouvoir a commencé à se produire (Schoenbachler et Gordon, 2002), laissant derrière lui l'époque où les vendeurs pouvaient dicter les conditions du marché aux consommateurs.

2.4. L'au-delà du retail apocalypse : quelle prospective pour le retail ?

Déjà novembre 2017, l'éminent professeur Philip Kotler a précisé qu'il était ébahi par la dépendance physique et mentale des nouveaux consommateurs (il s'agit notamment des consommateurs de la génération des *contentinals*[42] la génération à l'opposé de la génération des *millennials*) vis à vis des achats en ligne. Il a montré que par rapport à l'achat en magasin (centres commerciaux, galeries marchandes et détaillants en magasin, etc.), le taux d'achat en ligne augmente beaucoup plus rapidement. Aussi, le nombre de magasins indépendants de l'achat en ligne sera réduit par un processus darwinien de survie du plus apte, néanmoins, il existerait certaines options pour les magasins en question, telles que offrir à la fois l'achat en magasin et l'achat en ligne, offrir un service plus personnalisé, construire une communauté[43] , ou bien, utiliser un design d'achat BOPIS (buy-online-pickup-in-store" ou bien achat en ligne - retrait en magasin) qui permet aux détaillants de combiner l'expérience en ligne et en magasin afin de s'engager auprès des clients tout en offrant un moyen plus pratique de faire ses achats (Voir tableau 3).

A des fins justificatives du potentiel stratégique du BOPIS, la pionnière start-up INVESP[44] affirme qu'au moins 75% des acheteurs qui ont utilisé un design BOPIS disent qu'ils sont susceptibles de faire un achat supplémentaire et 49% des acheteurs ont fait des achats involontaires en allant chercher leurs articles en magasin. 10 % de toutes les ventes seront réalisées par ce même système d'ici 2025. 50 % des personnes interrogées ont décidé où faire leurs achats en ligne en fonction de la possibilité ou non de retirer leurs articles en magasin. 90 % des détaillants prévoient de mettre en œuvre le système BOPIS d'ici 2021.

---

[42] De contrent (contenu en français) ce terme fait allusion à la génération Alpha qui vient juste après la génération Z et qui est définie par un maniérisme digital orienté vers la recherche permanente et assidue de contenu numérique.

[43] Ici, l'auteur invite les marketeurs à repenser leurs modèles de Community Management (Management de communauté virtuelle) qui selon lui n'est plus une option, mais plus un facteur clé de succès a l'heure du digital.

[44] Une société de conseil de Detroit spécialiste du marketing digital : https://www.invespcro.com

Par ailleurs, l'auteur conseille fortement aux détaillants de prendre au sérieux la nouvelle menace représentée par les appareils mobiquitaires (smartphones), en tenant compte de la fréquence et de l'intensité croissantes avec lesquelles les clients les introduisent dans leurs processus d'achat (Kotler, 2017).

Tableau 3: Les principales raisons pour lesquelles les consommateurs préfèrent acheter en ligne et retirer en magasin

Raison	Pourcentage
Pouvoir voir les produits avant de les emporter chez soi	77 %.
Éviter les frais d'expédition	65 %.
Commodité	29 %.
Pouvoir renvoyer le produit instantanément	23 %

Source : https://www.invespcro.com

Même en Inbound Marketing[45] - c'est une des formes marketing les plus en vogue dans la pratique et dans la théorie- un professionnel de Vision Critical[46] attire l'attention sur le fait que : « non seulement sur la croissance des ventes en magasin et en ligne signalée par des détaillants américains bien connus (Target, Walmart, Nordstrom, Home Depot, en rappelant que, selon Deloitte, la croissance du secteur du commerce de détail entre 2017 et 2022 est évaluée à 11,7 %), mais aussi sur une augmentation nette de 4 000 nouvelles

[45] L'inbound Marketing est une méthodologie commerciale qui permet d'attirer les clients en créant du contenu et des expériences de valeur adaptés à eux. Alors que l'outbound marketing interrompt le public cible avec un contenu qu'il ne souhaite pas toujours, l'inbound marketing crée des liens qu'il recherche et résout des problèmes qu'il rencontre déjà : https://www.hubspot.com/inbound-marketing.
[46] Vision Critical est une entreprise de logiciels qui fournit une plateforme de veille de la clientèle basée sur l'infonuagique (*Cloud Computing*).

ouvertures de magasins en 2017 (enregistrée par IHL Group) ; la renaissance du commerce de détail suppose non seulement de comprendre réellement les clients et de tirer parti de l'insight, mais aussi d'améliorer l'expérience client dans le cadre de la perturbation et de la transformation constantes, en utilisant la technologie adéquate. (Claveria, 2018)) ».

Notre expert Inbound Marketing tient à mettre l'accent sur le fait que le secteur du retail ne cesse de croitre et que c'est au détaillant de guider son révolution en tirant parti des Big Data et des Small Data[47] sur les clients dont ils disposent, mais aussi et surtout de penser à améliorer l'expérience de leurs clients dans un contexte de perturbation et de transformation constantes.

Toujours en septembre 2018, des représentants de l'agence SET Creative[48] ont affirmé que le magasin traditionnel doit être maintenu comme point de contact principal malgré l'hégémonie totale du e-commerce et la création et la gestion des nouveaux canaux numériques personnalisables. En tirant des leçons sur l'avenir du commerce de détail du dernier centre commercial construit aux Etats-Unis[49], le secteur du retail a été grandement impacté par le changement de paradigme[50] numérique et mobile (Heathwood et Tauber,

---

[47] Dans la veine de la philosophie du Rasoir d'Ockham, la méthode des Small Data est considérée comme le dernier cri en matière de Data Science. Elle consiste à utiliser des petites données dont le volume et le format les rendent accessibles, informatives et exploitables. Les Small Data fournissent généralement des informations qui répondent à une question spécifique ou abordent un problème particulier.

[48] SETCreative est une agence canadienne dont l'expertise rentre parfaitement dans le cadre de notre travail de recherche. En effet, elle se spécialise dans la conception de l'expérience retail et donc de magasinage pour ses clients. Elle s'autoproclame « The Retail Experience Agency » pour l'agence de l'expérience retail ou bien l'agence de l'expérience de magasinage.

[49] The Mall at University Town Center (UTC) à Sarasota, en Floride, est un immense centre commercial qui abrite plus de 100 magasins, il est ouvert en 2014.

[50] La sous-section 2 de la section 2 de ce même chapitre a été réservée pour traiter de ce changement paradigmatique.

2018), il a été contraint de s'adapter à l'effet omnicanal, en assurant une présence numérique qui crée une expérience transparente, en harmonisant l'environnement numérique avec l'environnement en magasin, en minimisant la confusion des clients et en encourageant l'augmentation du trafic du numérique vers le magasin.

Tout en abordant le sujet de la transformation radicale du commerce de détail, Holman, (2018) évoque une analyse d'IHL Services Inc[51] qui met en avant un élément crucial dans l'industrie retail. En effet, ils ont montré que malgré la croissance prévue du commerce de détail "l'apocalypse du commerce de détail" est encore trop souvent signalée (figure 5).

D'autre part, Mi9 Retail[52] a montré qu'au-delà des gros titres sur « le retail apocalypse », le secteur du retail dans son ensemble est en pleine croissance, voire en bonne santé même et que l'échec de certains détaillants étant principalement dû à la faiblesse de leur stratégie Web, à une mauvaise exécution de l'omnicanal ou bien au sous-investissement dans l'expérience de magasinage de leurs clients. Et pour survivre, les détaillants n'ont pas d'autres chemins excepté celui de l'adaptation.

---

[51] Le Groupe IHL est un cabinet de recherche et de conseil mondial spécialisé dans les technologies destinées aux secteurs du commerce de détail et de l'hôtellerie. La société, basée à Franklin, Tennessee, génère des rapports de données opportuns, offre des services de conseil et est le principal porte-parole de la technologie de la vente au détail lors des événements de l'industrie et des fournisseurs.

[52] Mi9 Retail est un autre acteur de l'univers retail mais cette fois-ci c'est plus un intervenant en amont des distributeurs. C'est fournisseur de logiciels d'entreprise pour les détaillants. Basée à Miami, en Floride, Mi9 Retail possède également des bureaux en Amérique du Nord, en Europe et en Asie. Également, c'est une grande structure de recherche en la matière, et elle ne cesse de produire des études statistiques ou autres aidant ainsi les distributeurs à prendre des meilleures décisions.

Figure 5: Nombre de magasins de vente au détail fermant au début de 2017

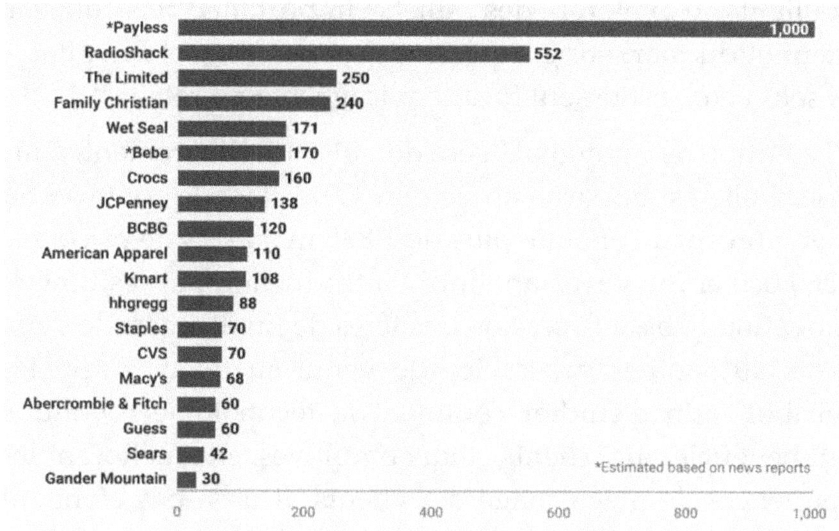

Source : Business Insider

Toujours avec Mi9 Retail quand elle a ajouté que les détaillants doivent continuellement améliorer l'expérience de magasinage, tout en adoptant la transformation digitale et en suivant l'évolution rapide de la technologie, recommandant non seulement une meilleure utilisation de données (Big Data/Small Data) pour une meilleure prise de décision, mais aussi et surtout de savoir quand remplacer les systèmes existants et de choisir un fournisseur de logiciels construit pour soutenir la croissance continue de leurs points de vente.

La Mecque des rencontres retail internationales est sans doute le très réputé Paris Retail Week[53] . Lors d'une de ses récentes éditions (version 2018), ses communicants ont

[53] Paris Retail Week est l'événement mondial européen phare pour les professionnels du commerce de détail réunissant à Paris Expo Porte de Versailles 800 exposants et 40 000 professionnels du commerce de détail du monde. Il est le plus grand rendez-vous d'Europe à destination de tout l'écosystème du commerce.

souligné l'importance de mettre à jour les suites[54] des détaillants tout en remarquant l'opportunité offerte aux détaillants d'explorer des sujets importants tels que le potentiel du marketing expérientiel et du " Smart Phygital ", qui selon eux, est le seul futur envisageable du retail.

La notion de " phygital " sera détaillée ultérieurement, mais apriori, elle est apparue en octobre 2014 dans le contexte où Lowe's (ayant à l'époque plus de 1 835 magasins de bricolage et 260 000 employés) a annoncé l'introduction par les Lowe's Innovation Labs, à l'occasion des fêtes de fin d'année, de deux robots autonomes de service de vente au détail[55], appelés "OSHbot" afin d'étudier comment la technologie robotique peut bénéficier aux clients et aux employés, en améliorant les expériences de magasinage des clients. Il n'est pas étonnant que dans ce cadre, le thème principal de la Paris Retail Week 2018 " *Smart Phygital* "[56] reflète des mutations majeures pour augmenter l'expérience de magasinage via des dispositifs telles que :

- L'intelligence artificielle (IA) ;
- L'IoT (Internet Of Things)[57] ;

---

[54] Dans le jargon du retail, une suite est une configuration de solution pour aider à améliorer les performances financières et opérationnelles d'un détaillant. Elle peut comprendre une plateforme opérationnelle et de merchandising robuste, à laquelle peut s'ajouter des applications spécialisées qui optimisent les domaines clés des opérations de vente au détail.

[55] Plus précisément, dans un magasin Orchard Supply Hardware du centre-ville de San Jose, en Californie ; Orchard Supply Hardware - OSH - exploitait à l'époque 71 magasins en Californie et deux magasins dans l'Oregon, ces quin cailleries et jardineries de quartier étant axées sur la peinture, la réparation et l'aménagement de l'arrière-cour.

[56] Venant juste après la conférence de la Paris Retail Week 2017 " Live Retail : Commerce Authentique et Humain", s'engageant pour la création d'une expérience retail authentique et plus humaine.

[57] Selon Rouse, Margaret (2019), l'internet des objets (IoT) décrit le réseau d'objets physiques - appelés "objets" - qui sont équipés de capteurs, de logiciels et d'autres technologies dans le but de se connecter et d'échanger des données avec d'autres dispositifs et systèmes via l'internet.

- La robotique ;
- La réalité virtuelle (VR) ;
- La réalité augmentée (AR).

Toutes ces thématiques et bien d'autres pour ouvrir la fenêtre de la fusion des expériences off- et on-line, et les magasins seront (un des paneliste à évoquer que la vison des stratégistes détaillants serait de concevoir les points de vente " comme à la maison " et l'aménagement du magasin serait remplacé par une démarche scénographique[58]) vus comme réhumanisant le processus d'achat en se digitalisant (la personnalisation des offres étant permise par le CRM, le client étant accompagné par des vendeurs équipés de tablettes, la *transaction in-shop* devenant invisible, tandis que le commerce *off-* et *on-line* est réconcilié par le *click and collect*).

Lors de la même éditons de la Paris Retail Week, le Retail Design World a longuement mit en exergue le potentiel infinie d'une stratégie retail expérientielle. En l'occurrence, ils ont inclus toute une section sur le potentiel du magasinage expérientiel dans l'industrie retail. La section avait comme titre la « New Shopping Experience » (NSE) et chapeautait environ 14 projets de commerce expérientiel (tels que : "des écrans de réalité virtuelle développés pour un détaillant de bricolage, une chasse au trésor en magasin basée sur la RFID (Radio-identification) conçue pour divertir les enfants, et un projet de coach nutritionnel qui relie les recettes aux listes de courses avec une fonction de numérisation en magasin") ciblant l'amélioration des futures expériences de vente au détail. Dans la même section, le terme de "*Smart Phygital*" a été officiellement inventé et présenté en dans le cadre de l'étude

[58] La scénographie, du grec σκηνη « scène » et γραφειν « écrire », désigne aujourd'hui l'étude de l'art de la scène par des moyens techniques de mouvements ordonnés et scéniques.

menée par la Paris Retail Week et Havas Paris[59] qui a interrogé des consommateurs français, chinois et américains et a identifié cinq grandes tendances censées changer le domaine du retail du futur. En effet, ils ont met l'accent sur un avenir combiné de magasins physiques et de technologie numérique. Les cinq grandes tendances était :

(1) les consommateurs s'attendent à ce que le commerce de détail soit accessible à tout moment ;

(2) l'ère conversationnelle a enfin commencé ;

(3) 2018 marque l'année d'acceptation de l'assistance vocale;

(4) les facteurs environnementaux influencent désormais les décisions des clients ;

(5) big data, safe data et dirty data pour dire que les données sont devenues le nouvel 'or noir'.

Les conclusions de cette étude susmentionnée ont révélé que : 74 % des répondants américains considèrent que les magasins physiques font un effort pour s'adapter à leur mode de vie, par rapport aux Français (71 %) et aux Chinois (61 %) ; 94 % des Chinois préfèrent pouvoir acheter à tout moment et en tout lieu, par rapport aux Américains (77 %) et aux Français (74 %) ; 83 % des jeunes Chinois (18 - 24 ans) effectuent des achats sur leur téléphone mobile, contre les jeunes Américains (74%) et les jeunes Français (56%) ; 81% des Chinois pensent que les assistants vocaux pourraient très bien remplacer les claviers ou les écrans d'ordinateur, contre les Français (63%) et les Américains (62%) ; 86% des Français considèrent que les produits du quotidien sont dangereux pour leur santé, contre les Américains (76%) et les Chinois (72%) ; 83% des Chinois

[59] Havas Paris est la filiale principale du groupe Havas Group qui est un groupe français de conseil en communication, principalement avec l'agence de publicité Havas Worldwide – anciennement Euro RSCG, Arnold Worldwide aux États-Unis – et d'achat d'espace média, principalement avec Havas Media.

considèrent qu'ils sont prêts à payer plus pour une entreprise ou une marque gérant leurs données de manière éthique, contre les Américains (65%) et les Français (62%) ; 91% des Chinois considèrent qu'il y a trop d'intermédiaires dans le commerce de détail, contre les Français (88%) et les Américains (66%). (Paris Retail Week, 2018).

L'issue des Paris Retail Awards 2018 était l'innovation technologique (trois critères étant pris en compte dans le jugement final : l'innovation de la solution présentée, l'efficacité sur le marché et la rentabilité des premiers résultats obtenus), les prestataires de services et les initiatives en termes de solutions pour les détaillants étant placés dans différentes catégories : CRM : Du lead au client ; Digitalisation du point de vente ; Expérience client (360°) ; Logistique ; Solutions et design de magasin ; Technologie.

In fine, la rencontre phare des empiristes du retail a conclu que l'avenir du secteur en question est entrain les mains des retaillers qui vont maitriser l'art de l'hybride. Ainsi, le " Smart Phygital " serait la forme la plus finie et complète d'une telle conception. Cette thématique a été analysé en large, en long et en travers lors de conférences plénières significatives durant la Paris Retail Week 2018 sous les titres :

- Smart Phygital - écosystème retail agile et global ;
- Smart Instore - Le futur du magasin de demain ;
- Smart Customer Experience - Connaître et identifier les consommateurs ;
- Smart Supply Chain - Comprendre les évolutions du secteur.

CHAPITRE 2 : LA RETAIL RENAISSACE : UNE SECONDE VIE AU RETAIL ?

« La retail renaissance laissera des traces dans la société »

The Economist

Au début du 21e siècle, la technologie et l'internet sont apparus comme des perturbateurs conséquents du secteur de la vente au détail. De plus, les gros titres de l'industrie annonçaient des centaines de fermetures de magasins et de faillites de chaînes établies de longue date, qui perdaient leur pertinence sur un marché centré sur le consommateur. Résultat, le retail apocalypse voit le jour. Cependant, cette transformation s'est accompagnée d'un élément important : les ouvertures aussi en masse de nouveaux magasins (14 248) ont dépassé les fermetures (10 168) pour un gain net de 4 080 magasins (Kesstenbaum, 2017).

L'étude de la State of Retailing Online Study de la NRF, mais aussi l'enquête de Forrester[60] (2019) a indiqué que 43 % des détaillants en magasin interrogés s'attendaient à une augmentation nette du nombre de magasins, 19 % seulement prévoyant une diminution du nombre de magasins (Kline, 2018). De plus, 64 % des consommateurs préfèrent encore faire leurs achats en magasin, y compris les Millennials et les consommateurs de la génération Z (Elbaz, 2018). Cette

[60] La société offre une variété de services, dont la recherche, le conseil et les événements. Forrester possède neuf sites en Amérique du Nord : Cambridge ; New York, New York ; San Francisco, Californie ; McLean, Virginie ; Nashville, Tennessee ; Norwalk, CT ; Austin, Texas ; Dallas, Texas ; et Toronto, Canada ;. Elle possède également quatre sites européens : Amsterdam, Francfort, Londres et Paris et quatre sites dans la région APAC : New Delhi, Singapour, Pékin et Sydney.

désaffection du commerce de détail suggère qu'une renaissance du commerce de détail est en cours et de très sérieuses données confirment cette prémisse (Lobaugh et al., 2018). En 2018 les ventes au détail aux États-Unis ont grimpé en flèche pour atteindre un record de 3,68 milliards de dollars (Amadeo, 2019), avec une croissance sur tous les canaux, mais surtout avec 91 % de ces ventes qui ont été réalisées en magasin.

Probablement le retail apocalypse n'est qu'une tendance légère et passagère, ou peut-être une menace pivot qui risque de restructurer toute une l'industrie ... Ce dont on est sûr - et surtout ce que nous suggèrent les études citées auparavant, c'est que toutes ces données nous invitent à prendre du recul et font un appel du pied aux stratégistes détaillants pour revoir leurs cartes...

Entre illusion et réalité, le but de cette partie est de décrypter le retail apocalypse via la re- examination de nouvelles sources et la relecture critique de quelques différentes données. Aussi, nous essayerons de montrer que de toute les manières, le secteur du retail est à l'aube d'une nouvelle époque. Sous l'impulsion de technologies disruptives et de nouvelles habitudes de consommation, le retail est en train de renaitre de ses cendres, le retail est en train de vivre une renaissance, une retail renaissance.

Cette renaissance, au-delà des chiffres et des indicateurs économiques, traduit un phénomène plus profond : la redécouverte du lien entre commerce et humanité. Le retail ne se limite plus à la distribution de biens ; il redevient un espace d'échange, de rencontre et de sens. Dans un monde où l'instantanéité et la virtualisation des rapports humains tendent à dissoudre la relation marchande dans la fluidité numérique, le magasin physique se réaffirme comme un lieu d'incarnation. Il permet de toucher, d'éprouver, de converser.

En ce sens, la retail renaissance apparaît comme une tentative de réenchantement du commerce, une manière de réancrer la consommation dans une expérience humaine, sensible et située.

Derrière les stratégies d'innovation et les technologies immersives se joue finalement une quête de réhumanisation de la consommation. Le client, longtemps perçu comme une donnée ou un flux, retrouve ici son statut de sujet : un être en quête de lien, d'émotion et de reconnaissance. La renaissance du retail n'est donc pas seulement celle d'un secteur économique, mais celle d'un rapport au monde. Elle témoigne de la capacité des sociétés contemporaines à faire émerger, au cœur même de la marchandisation, des formes renouvelées de présence, d'altérité et de convivialité. Ce renouveau du commerce est peut-être, au fond, une manière de réapprendre à habiter ensemble la consommation.

Enfin, cette retail renaissance nous invite à repenser la consommation non plus comme un acte de possession, mais comme un acte de relation. Elle redonne une place centrale à la sensibilité, à la lenteur, à l'attention portée à l'autre — qu'il soit vendeur, artisan ou client. Le commerce devient une scène de reconnaissance mutuelle, où se tisse silencieusement une forme de lien social réinventé. Si le magasin retrouve vie, c'est peut-être parce que, derrière les écrans et les algorithmes, l'humain cherche à se retrouver lui-même. Le retail renaît, non pas tant pour vendre différemment, mais pour redonner au geste d'achat une valeur existentielle, celle d'un dialogue entre soi, les autres et le monde.

1. Le retail apocalypse : illusion ou réalité ?

A l'heure où la littérature académique, les consultants et les médias spécialisés[61] ne cessent de crier haut et fort que le retail est en grandes difficultés et qu'il perd du terrain au profit du commerce électronique, un rapport de recherche[62] assez curieux (13 août 2019) et tout à fait improbable surgie des bureaux du groupe IHL . Ce travail de recherche à caractère pragmatique met en doute catégorique l'hypothèse d'un retail apocalypse. En suivant une démarche scientifique tout à fait saine, les chercheurs d'IHL[63] précisent que pendant les trois dernières années (notamment 2017, 2018 et 2019) tous les segments des magasins de détail de type brick-and-mortar - et donc physiques- , aurait ouvert en moyen cinq magasins avec chaque magasin fermé. Si on se fie à ces données, le retail apocalypse ne serait qu'un mot à la mode...En l'occurrence, leur communiqué de presse du 13 août 2019 relate ce qui suit :

« Plus de cinq chaînes de magasins ouvrent des magasins pour chaque détaillant qui en ferme en 2019..... Ce chiffre est en hausse par rapport à 3,7 en 2018. L'entreprise indique également que le nombre de chaînes qui ajoutent des magasins en 2019 a augmenté de 56 %, tandis que le nombre de magasins qui ferment a diminué de 66 % au cours de l'année dernière..... Depuis 2017, les chaînes de vêtements et

[61] Même des chaines YouTube très sérieuses à orientation retail existent et font de sérieux travaux d'investigations et d'informations comme avec la chaine Global Retail TV ou bien la chaine officielle de l'Americain Marketing association à couleur plutôt académique en partageant l'essentiel de la recherche scientifique en la matière :
Lien de la chaine Global Retail TV :
https://www.youtube.com/channel/UCAv6MI9zUqP3uuUp3a5lIKQ
Lien de la chaine Americain Marketing Association :
https://www.youtube.com/c/AmaOrgMktg

[62] "Retail's Renaissance: True Story of Store Openings and Closings". (Disponible en ligne: https://www.ihlservices.com/wp-content/uploads/2019/12/2018-2019-IHL-Retail-Executive-Analyst- Series-without-SOE-6.pdf).

[63] Cité et présenté précédemment.

de grands magasins ont connu la fermeture nette de 9 651magasins. Au cours de cette même période, tous les autres segments ont représenté 18 226 nouvelles ouvertures nettes ». Le vice-président de la recherche du groupe IHL va plus loin en déclarant que :

"Le commerce de détail américain a augmenté ses ventes de 565 milliards de dollars depuis janvier 2017, alimenté non seulement par la croissance des ventes en ligne, mais aussi par la croissance des ventes nettes des magasins", a déclaré Lee Holman, vice-président de la recherche pour le groupe IHL. "Il est clair qu'il y a une pression importante dans les vêtements et les grands magasins, cependant, dans chaque segment de vente au détail, il y a plus de chaînes qui augmentent le nombre de leurs magasins que celles qui en ferment."

Réagir à chaud serait se tromper. Pour trancher, il faut prendre du recul et creuser davantage dans les données pour y voir plus clair. Le retail, selon leur définition, comprend tout type d'opération de vente au détail ouverte au public. Les restaurants, les épiceries, les magasins de vêtements, les grands magasins et les librairies font partie des données. Des lors, toute une dimension économique est concernée. En définitive, leur conclusion est que le retail est bel et bien vivant. Il change simplement d'ossature pour répondre à la demande des consommateurs qui ne cesse elle de se réinventer. L'équipe des chercheurs d'IHL Consulting Group conclu que -selon eux- le retail apocalypse ne serait qu'un mot à la mode pour faire vendre plus de presse et générer plus de clics.

1.1. L'évolution du paradigme retail

Tout au long du 20e siècle, les détaillants ont dirigé les opérations des magasins et les produits et services qu'ils vendaient en utilisant des stratégies de croissance et de profit déterminées en interne. Les stratégies de croissance étaient axées sur le développement de chaînes de magasins et l'investissement dans l'immobilier ou les baux à long terme dans des zones densément peuplées. Les détaillants ont capitalisé sur les économies d'échelle dans les offres de produits, ce qui a donné aux consommateurs peu d'options autres que des assortiments indifférenciés dans les chaînes de magasins. Les détaillants contrôlaient l'approvisionnement, la distribution, la tarification, les promotions et l'exécution des commandes (voir figure 6).

Le 21e siècle a inauguré une nouvelle réalité du retail, formée par la connectivité instantanée, la pertinence contextuelle et la commodité alimentée par la technologie (Barber, 2018). Dans le retail, les pionniers du numérique ont commencé à combler les lacunes de la chaîne de valeur, à réduire les coûts des consommateurs, à les engager dans de nouvelles expériences et à créer des clients fidèles (Atluri, et. al, 2017).

Figure 6: Le paradigme traditionnel du retail

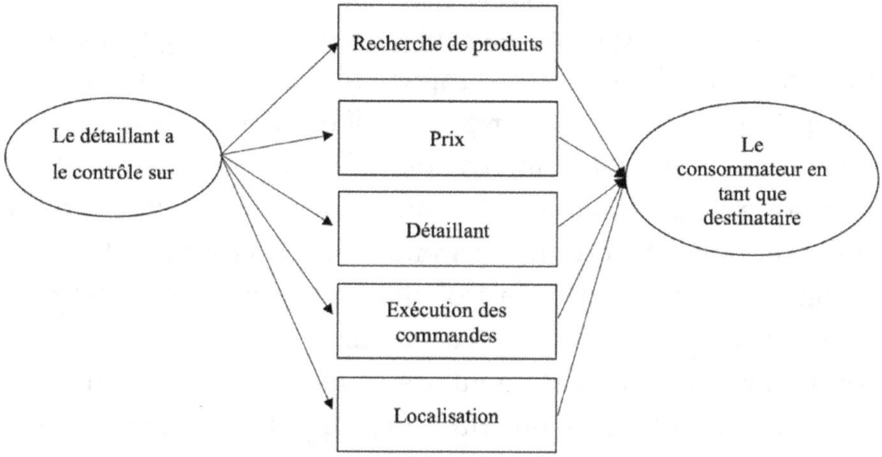

Source: A Case Study of Retail. Education Reimagined. Dee K. Knight, Judith C. Forney and Linda Mihalick. Journal for Advancement of Marketing Education, Volume 27, Special Issue, Fall 2019 10

Cette singularité du pouvoir détenu uniquement par chaque consommateur est décrite dans la littérature comme la « *customer centricity*[64] » (D Shah et al, 2006). Les consommateurs interagissent désormais directement et indirectement avec les promotions par le biais des publicités,

[64] En français on parle d'être centré ou bien d'être orienté client, la « customer centricity » serait la capacité des personnes d'une organisation à comprendre les situations, les perceptions et les attentes des clients. Elle exige que le client soit au centre de toutes les décisions relatives à la fourniture de produits, de services et d'expériences afin de créer de la satisfaction, de la fidélité et de la défense des intérêts du client. Le concept n'est pas nouveau, et il aura plus de 60 ans. Il remonte à l'époque de Peter. F. Drucker (1954) qui écrivait dans son livre, The Practice of Management, que : "c'est le client qui détermine ce qu'est une entreprise, ce qu'elle produit, et si elle va prospérer." Levitt (1960) a proposé que les entreprises ne se concentrent pas sur la vente de produits, mais plutôt sur la satisfaction des besoins des clients. Pourtant, selon un rapport du Gartner Group l'importance de l'orientation client n'a été reconnue que récemment par le monde des affaires.

des sites web et des médias sociaux, en obtenant des informations auprès des influenceurs, des critiques, de la famille et des amis, ainsi que des communications des marques. Les consommateurs connectés numériquement peuvent accéder aux informations de la chaîne d'approvisionnement pour éclairer leurs décisions d'achat et rechercher des alternatives de prix pour des produits identiques ou similaires. En outre, les consommateurs se déplacent de manière transparente entre les formats de vente en ligne et hors ligne et contrôlent leurs options en matière de lieu, de temps et de coût d'exécution. Ces changements de fond dans le comportement de consommateur n'ont rien d'anodin. En effet, ils ont provoqué un changement dans le paysage paradigmatique du retail. La figure 11 illustre le paradigme traditionnel du retail, dans lequel c'est le détaillant qui tire les ficelles de la relation avec les consommateurs. La réalité actuelle a donnée plus de pouvoir aux consommateurs. Armés de leurs smartphones, les consommateurs ont changé les règles du jeu dans l'industrie retail et la figure 7 en illustre l'essentiel.

La transition d'un paradigme à orientation détaillant à un paradigme à orientation consommateur exige un engagement à comprendre le point de vue, les attentes et les points de friction du consommateur, tout en reconnaissant le potentiel de performance de l'entreprise (Boyarsky et al, 2016). L'expérience du consommateur est souvent qualifiée de parcours, car elle englobe la somme totale des attentes, des engagements et des expériences d'un consommateur. Il peut englober plusieurs canaux et points de contact sur une période d'une journée, de plusieurs semaines ou sur une période prolongée. Ce parcours est également dynamique, car il se déroule en temps réel et peut changer à tout moment.

Comme on a pu le voir dans le premier chapitre, l'expérience du consommateur consiste à créer une proposition de valeur unique pour chaque client. Les expériences sont façonnées par une série de points de contact contextuels, chacun nécessitant une exécution interfonctionnelle pour comprendre l'état d'esprit du consommateur tout au long du parcours (Boyarsky, et. al, 2016). La création de valeur par l'expérience du consommateur nécessite une vision commune de l'entreprise centrée sur le consommateur, la compréhension de la façon dont le consommateur veut s'engager et la satisfaction de ses attentes. L'expérience du consommateur repose sur une compréhension approfondie des désirs et des besoins du consommateur, de ses orientations en matière de valeur et de son efficacité. Cette idée de la valeur de l'expérience dans le retail sera développée en long, en large et en travers dans la deuxième partie de cette section.

Figure 7: Le nouveau Paradigme du retail (*Consumer-Centric Paradigm*)

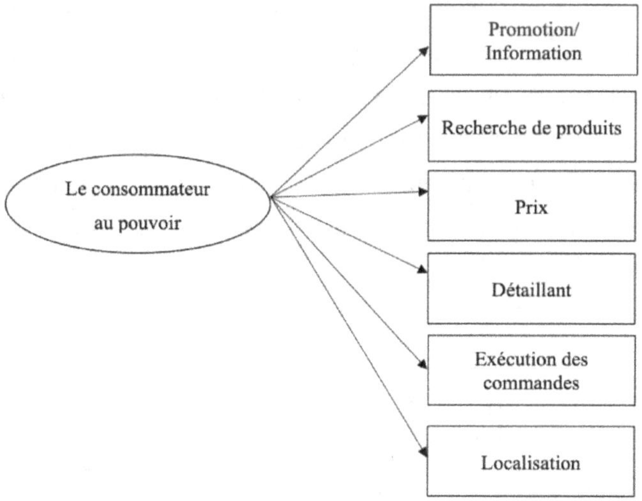

Source: A Case Study of Retail.

Au-delà de l'importance de l'aspect expérientiel dans l'industrie retail, nul ne peut nier que la technologie fait et fera davantage partie intégrante d'une offre retail compétitive . Plus particulièrement, la littérature évoque la place indéniable que prend déjà l'automatisation, l'intelligence artificielle et la robotique dans le secteur en question. Ces technologies et bien d'autres sont en train d'être développées et utilisées au profit des commerces de détail de toute taille. Au-delà de la dimension marketing, la question naturelle qui vient à l'esprit est plutôt d'ordre ressources humaines et concerne ce qu'entrainera l'introduction et le développement de ses technologies des pertes d'emplois dans de nombreux secteurs[65] , cela créera aussi de nouvelles opportunités de carrière qui n'existent pas aujourd'hui (Bughin et al, 2017).

Le retail a toujours été une industrie basée sur l'humain. Elle croît ou décroît en fonction du niveau d'engagement des consommateurs sur le marché. Une compréhension approfondie des aspects affectifs, cognitifs et comportementaux du consommateur est essentielle au succès du commerce de détail[66] . Cette compréhension peut être obtenue grâce à des renseignements sur les consommateurs propres à l'entreprise, en utilisant des analyses qui déchiffrent les données commerciales de manière générale pour dégager des tendances et de manière unique pour comprendre les sentiments, les pensées et les actions d'un consommateur individuel.

---

[65] Cette question est sérieusement discutée et dépasse le cadre universitaire. En effet, Bill Gates s'est prononcé la dessus en proposant de sérieuses pistes de réflexions et même des mesures qui pourraient faire reconsidérer la place de l'intelligence artificielle et de la robotique dans nos entreprises. Le fondateur de Microsoft et philanthrope américain propose que les sociétés utilisent des taxes pour s'assurer qu'il y a toujours une place pour les humains dans la main-d'œuvre.

[66] La lecture expérientielle proposée dans le premier chapitre couvre a priori ce design tridimensionnel du comportement du consommateur.

Par exemple, les data scientistes de chez Medium[67] pensent que les détaillants ont besoin d'une main-d'œuvre ayant une connaissance de l'analyse des données, des implications de l'analyse des données, des capacités cognitives avancées (par exemple, des capacités de raisonnement logique de haut niveau), ainsi que des compétences sociales et émotionnelles accrues qui s'appliquent aux consommateurs.

Bughin, et al (2017) pensent qu'à l'avenir, un pourcentage plus élevé d'emplois dans le retail nécessitera probablement des diplômes d'études supérieures pour garantir la créativité et les compétences cognitives, sociales et émotionnelles nécessaires à la réussite. De plus, comme la technologie est d'ores et déjà bien intégrée dans presque tous les aspects du retail, les carrières dans ce secteur nécessiteront des diplômés dans des voies non traditionnelles du commerce de détail, comme la technologie au sens pur du terme.

1.2. Le retail revisité : la retail renaissance

Si le doute plane autour de l'hypothèse d'un retail apocalypse, il est par contre certain que la retail est au carrefour de changements et de mutations qui ne cesse de surprendre et d'attiser la convoitise de la communautés scientifique. Les priorités de recherche[68] en la matière telles

[67] Medium est une plateforme ouverte de plus de 100 millions de participants partageant leurs réflexions sur des sujet variées avec comme dénominateur commun le digital.

[68] Tous les deux ans, le Marketing Science Institute demande a son conseil d'administration de contribuer à l'établissement des priorités de recherche qui guideront les activités de recherches des prochaines années. Le MSI soutient les études menées par des universitaires sur ces questions et diffuse les résultats par le biais de conférences, d'ateliers, de webinaires, de publications et de contenus en ligne. Ces priorités permettent au Marketing Science Institute de s'engager dans sa mission la plus importante : aligner la science et la pratique du marketing afin de créer des résultats matériellement meilleurs pour les spécialistes du marketing et les clients qu'ils servent.

qu'elles sont publiées par le Institut des Sciences du Marketing[69] peuvent en témoigner.

Le nouveau visage du retail est un écosystème composé de secteurs industriels qui vendent des produits et des services directement aux consommateurs. Selon Atluri, et al., (2017), la transformation sans précèdent - tant par sa vitesse de changement que par l'ampleur de son impact -du retail est particulièrement alimentée par :

a) la numérisation des processus, de la communication et de l'information ;

b) la création d'une quantité sans précédent de données électroniques ;

c) l'omniprésence des appareils mobiles ;

d) la croissance des applications d'intelligence artificielle (Atluri, et al., 2017).

Par conséquent, les détaillants sont confrontés à des conditions commerciales et marketing perturbatrices induites par des changements épiques dans le comportement et les attentes des consommateurs. Ces changements se produisent d'une manière frénétique, alimenté par la technologie numérique et mobile. Le flux bidirectionnel de l'engagement des consommateurs - -tant hors ligne qu'en ligne a brouillé les

---

[69] Fondé en 1961, le Marketing Science Institute (MSI) est une organisation basée sur l'adhésion des entreprises. Le MSI est unique en ce qu'il est la seule organisation de recherche disposant d'un réseau d'universitaires en marketing issus d'écoles de commerce du monde entier, ainsi que de responsables marketing de plus de 60 grandes entreprises. En tant qu'institution à but non lucratif, MSI soutient financièrement la recherche universitaire pour le développement - et l'application pratique - des connaissances en marketing sur des sujets importants pour la performance des entreprises. Le siège du MSI est situé à Cambridge, dans le Massachusetts. Le principal organe de direction de MSI est le conseil d'administration, qui est composé de représentants de chacune des sociétés membres de MSI. Le personnel de MSI, composé de 11 employés, est responsable des programmes d'adhésion et de recherche, des conférences, des publications et de toutes les autres opérations.

frontières du shopping. Les magasins innovants intègrent le meilleur des modèles en ligne et hors ligne afin d'engager les consommateurs et de réimaginer l'engagement des consommateurs, l'interaction sociale et la commodité.

La convergence et le flou entre les environnements numériques et physiques obligent les détaillants à se différencier en devenant obsédés par le consommateur et en offrant une expérience transparente, quel que soit le canal.

Le commerce de détail est passé d'une perspective dominée par les biens à un cadre de services dans lequel les biens incorporels, les relations et les expériences existent dans un environnement intelligent (Pantano et al., 2018). Le consommateur contrôle le résultat de tout. Dans ce nouvel univers, les consommateurs parcourent un chemin dynamique multicanal jusqu'à l'achat, et ils attendent des détaillants qu'ils les soutiennent sans aucune limite (Haslehurst et McKone, 2015).

1.3. La retail renaissance : la grande bifurcation du retail

Dans le cadre d'une recherche-action[70], l'équipe des chercheurs de Deloitte s'est posée une question des plus évidentes, à savoir : pourquoi le retail apocalypse serait en réalité une renaissance ?

---

[70] Dans son papier intitulé « *Action Research and Minority Problems* », Kurt Lewin alors professeur au MIT donna naissance au terme "recherche-action" (1946). Il s'agit d'une méthodologie de recherche propre aux sciences sociales et qui vise à obtenir des changements transformateurs via un processus simultané d'action et de recherche, qui sont surtout liées par une réflexion critique. Selon Kurt Lewin la recherche-action est "une recherche comparative sur les conditions et les effets de diverses formes d'action sociale et de recherche menant à l'action sociale" qui utilise "une spirale d'étapes, chacune d'entre elles étant composée d'un cercle de planification, d'action et de recherche de faits sur le résultat de l'action" (1944).

La question s'est métamorphosée en une réflexion et puis en une étude qui a duré plus d'un an. Les résultats montrent, qu'a priori, la situation est bien plus nuancée qu'une retail apocalypse. En l'occurrence, les conditions économiques actuelles et les avancées technologiques ont grandement influencé le comportement des consommateurs de sorte que le débat n'est plus simplement en ligne ou en magasin, ou entre les millénaux et les générations C et/ou Alpha. Au lieu de tout cela, c'est une bifurcation brutale des revenus qui pourrait être la clé.

Les chercheurs ont entrepris un processus de recherche approfondi, consacrant la majeure partie de l'année à l'examen de l'environnement du retail, et notamment : l'étude des données officielles, l'enquête auprès de plus de 2 000 participants et recours aux données clients (ses clients détaillants). Leur principale conclusion se comprend après avoir présenté les principaux types de détaillants dans le secteur en question. Tout d'abord, il y a les détaillants "équilibrés", ceux qui créent de la valeur en combinant prix et promotion, ensuite, il y les détaillants basés sur les prix qui créent de la valeur en vendant aux prix les plus bas possible, et finalement, il y a les détaillants haut de gamme qui créent de la valeur en proposant des produits et/ou des expériences haut de gamme ou très différenciés[71]. In extremis, les détaillants "équilibrés" s'en sortent généralement moins bien que les détaillants basés sur les prix ou les détaillants haut de gamme.

[71] En effet, selon cette conception, les acteurs de l'industrie du retail seront organisés suivant un schéma purement Portérien. Soit des détaillants suivants la voie de la domination par les couts (les détaillants "équilibrés"), la différenciation vers le haut (les détaillants haut de gamme), et finalement la différenciation vers le bas (les détaillants basés sur les prix).

Preuve à l'appui, les détaillants haut de gamme ont vu leurs revenus augmenter de 81 % au cours des cinq dernières années, tandis que les détaillants basés sur les prix ont vu leurs revenus augmenter régulièrement de 37 % au cours de la même période. Cette situation contraste avec celle des détaillants équilibrés, dont le chiffre d'affaires n'a augmenté que de 2 %[72]. De plus, les consommateurs sont plus enclins à recommander les détaillants haut de gamme ou basés sur les prix que les détaillants équilibrés, ce qui suggère que les détaillants situés aux deux extrémités du spectre sont plus en phase avec l'évolution des besoins et répondent mieux aux attentes des consommateurs que ceux situés au milieu. Subséquemment, si les magasins situés aux extrêmes se portent si bien (y compris les détaillants traditionnels de type *brick-and-mortar*), pourquoi la perception d'une retail apocalypse subsiste ?

Une possibilité est que les fermetures de magasins parmi les détaillants équilibrés - qui représentent la majorité des fermetures et des faillites - sont à l'origine de cette perception. Les détaillants basés sur les prix et les détaillants haut de gamme, en revanche, ont ouvert plus de magasins sur la période 2015-2017 qu'ils n'en ont fermés.

Le fait que les détaillants équilibrés s'en sortent moins bien que les magasins à prix cassés et les magasins de luxe peut surprendre, surtout si l'on considère que les conditions macroéconomiques, les dépenses de consommation et les tendances de l'industrie racontent l'histoire positive d'un consommateur évoluant dans un paysage financier sain. Le revenu médian est aujourd'hui plus élevé qu'il ne l'était en

[72] Basé sur l'analyse des plus grands détaillants américains (en termes de chiffre d'affaires) de l'IBIS World Report 2017, filtré pour ceux qui sont principalement des détaillants, servent le marché entreprise-consommateur, et sont cotés en bourse.

2007[73] ; la croissance du PIB a rebondi[74]; et la croissance des dépenses de détail a dépassé celle du PIB[75].

Divers secteurs du commerce de détail ont également montré de nombreux points positifs, et surtout l'équipement de la maison, les produits de beauté/cosmétiques et l'amélioration de l'habitat ont tous progressé au cours des cinq dernières années.

Alors que la sagesse conventionnelle pourrait faire croire qu'une telle croissance exclut les canaux de vente en magasin, c'est en fait le contraire qui est vrai : le commerce de détail, tous canaux confondus, continue de croître. La grande majorité des ventes au détail (91 %) se fait toujours dans des magasins traditionnels, ce qui signifie que les achats en ligne ne représentent que 9 % du total des ventes au détail. Même si l'on prévoit une croissance de 11,7 % pour le canal en ligne, les ventes en magasin devraient également augmenter de 1,7 %, ce qui n'est pas vraiment l'apocalyptique[76].

Mais si les données macroéconomiques et sectorielles donnent une image saine, un examen plus attentif du consommateur - et plus précisément de son comportement en matière de dépenses- offre une vision différente. En dépit des tendances macroéconomiques positives, la période a en fait été catastrophique pour la plupart des consommateurs. Au cours des dix dernières années, les 40 % de revenus les plus

---

[73] US Census Bureau, Household income: 2016 American Community Survey briefs, 2016.
[74] Bureau of Economic Analysis, "GDP increases in third quarter," November 29, 2017.
[75] Based on analysis of two sources: National Retail Federation projections and Conference Board, "*The Conference Board economic forecast for the US economy*," accessed 2017.
[76] Bureau of Economic Analysis, "GDP increases in third quarter."

faibles ont eu du mal à faire face à leurs dépenses, tandis que les 40 % de revenus moyens ont vu leurs revenus diminuer[77].

Ainsi, pour 80 % des consommateurs, la dernière décennie a généralement représenté une détérioration spectaculaire de leur situation financière. Les gains de revenu et de valeur nette vont de manière disproportionnée au groupe aux revenus les plus élevés.

De plus, non seulement le niveau de revenu de la cohorte inférieure a stagné, mais la part de leur revenu consacrée à des catégories non discrétionnaires est montée en flèche : les coûts des soins de santé ont augmenté de 62 %, l'éducation de 41 %, la nourriture de 17 % et le logement de 12 %[78] . Ces augmentations ont touché le groupe aux revenus les plus faibles le plus durement. Pour la première fois en dix ans, les produits de première nécessité représentent plus de 100 % du budget d'une famille à faible revenu[79] . Pour les 80 % d'acheteurs dont le budget est serré et le revenu disponible limité, la sensibilité au prix est primordiale - ces consommateurs peuvent y réfléchir à deux fois avant d'acheter un nouveau pantalon et sont donc davantage attirés par les détaillants qui proposent des prix.

Les considérations économiques basées sur leurs propres perceptions de leur bien-être financier affectent profondément les comportements d'achat des consommateurs dans tous les canaux et toutes les catégories. En guise d'exemple, les chercheurs avancent que la probabilité d'effectuer un achat en ligne par rapport à un achat en magasin est fortement corrélée au revenu. Les consommateurs à faibles revenus sont 44 % plus susceptibles

---

[77] Analyse des données sur les revenus et les dépenses de 2016 du Bureau of Labor Statistics.
[78] Idem.
[79] Idem.

que leurs homologues plus aisés de faire des achats chez les détaillants à prix réduits, et également plus susceptibles de faire des achats dans les supermarchés, les magasins de proximité et les grands magasins. Les consommateurs à hauts revenus, en revanche, sont 52 % plus susceptibles de faire des achats en ligne (d'après leurs propres déclarations)[80] .

Le marché du retail est en pleine mutation, mais ce n'est pas l'apocalypse. Selon les chercheurs de Deloitte, il s'agit plutôt d'une renaissance due à d'énormes changements dans l'économie, la concurrence et l'accès des consommateurs aux options, le tout alimenté par les progrès exponentiels de la technologie. Et dans cette renaissance, les gagnants semblent être les détaillants qui peuvent capitaliser sur les expériences des consommateurs concernant leur bien- être économique - ou leur manque de bien-être - pour offrir une proposition de valeur qui s'aligne sur les besoins des consommateurs.

1.4. L'essentiel de la retail renaissance : plus d'expériences en magasin

Une perspective proposée par Kearney (2020) suite à une étude menée sur le retail aux Émirats arabes unis nous suggère que les acheteurs préfèrent désormais se rendre en magasin pour acheter certains articles très personnels tels que des vêtements, des sacs et des accessoires. Ces mêmes acheteurs souhaitent également bénéficier de la facilité et de la commodité de l'achat en ligne, de prix attractifs et d'une "expérience de magasinage améliorée".

Cela rejoint les conclusions de Zebra (2021) qui via une étude très récente a montré qu'à l'échelle mondiale, deux tiers des consommateurs préfèrent de faire leurs achats en

---

[80] Analyse par Deloitte des données de l'enquête The Great Retail Bifurcation, 2017.

magasins. En l'occurrence, la plupart (73 %) veulent entrer et sortir rapidement des magasins et la moitié d'entre eux recherchent les prix des produits en ligne avant de quitter leur domicile. Au-delà, près d'un tiers vérifie même l'inventaire du magasin avant de quitter la maison (seuls 19 pour cent le faisaient en 2019).

Ces acheteurs savent ce qu'ils recherchent et viennent armés d'informations et d'idées, provenant de magasins en ligne, de sites Web et d'influenceurs des médias sociaux. C'est ce que nous appelons un véritable comportement d'achat omnicanal[81] et il est illustré par le fait qu'un tiers des consommateurs déclarent utiliser leurs appareils mobiles pour rechercher des prix concurrentiels ou parcourir des sites Web en ligne pour trouver des produits pendant leurs achats. Mais ce qui est inquiétant pour les détaillants, c'est que plus de 70 % d'entre eux confirment avoir récemment quitté un magasin sans avoir trouvé tous les articles qu'ils voulaient, la moitié d'entre eux en raison de ruptures de stock. Il est donc plus important que jamais de s'adresser aux acheteurs en magasin.

Les études montrent que les millénaux et la génération C[82] - également connue sous le nom de "consommateur connecté" - préfèrent l'expérience du magasin physique et veulent se rendre dans les magasins, alors que le shopping est désormais une question d'histoires et non plus de transactions. Il ne s'agit pas de trouver des objets à acheter, mais de savoir ce que

[81] L'omnicanal est un concept qui est devenu en quelques années seulement un concept omnipotent dans la littérature retail et la littérature marketing. Par conséquent, il a indéniablement sa place dans notre réflexion. Ainsi, il sera présenté et expliqué dans le chapitre suivant.

[82] A la place de la génération Z, la génération C serait le qualificatif le plus accepté par la communauté scientifique. Ainsi, la lettre C serait représentative des traits de comportement de cette génération et signifierait : connectée, communicante, centrée sur les contenus et communautaire (Roman Friedrich, et al 2011).

l'achat ajoute à l'histoire de l'acheteur et comment il fait partie de son expérience, comme une déclaration personnelle.

Plus de la moitié (58 %) des acheteurs disent qu'il est plus rapide d'obtenir des informations sur un smartphone que de demander à un vendeur, et la majorité des vendeurs (64 %) sont d'accord. Cela signifie que les détaillants ne savent même pas quand leurs clients en magasin envisagent de faire des achats de commerce mobile (m-commerce, et éventuellement chez des concurrents). Plus de 25 % des acheteurs interrogés ont passé des commandes de commerce mobile en mode "click-and-collect" pendant leurs achats.

Les acheteurs s'attendent désormais à bénéficier du choix, de la commodité, de l'accès et de la rapidité du commerce en ligne, mais avec la valeur ajoutée du "théâtre" des magasins de détail. Cela signifie que les détaillants se retrouvent face à des acheteurs très intelligents, dont la durée d'attention est courte et qui attendent une expérience de magasinage et une connexion avec l'équipe du magasin, qui doit faire partie de leur expérience d'achat.

La grande majorité (84 %) des décideurs de la distribution sont conscients de cette tendance et cherchent à répondre aux attentes des clients et à "sauver des ventes". Cette tendance est positive, car la majorité des acheteurs ne veulent pas dépenser leur argent chez un autre détaillant, et la plupart seraient prêts à acheter un article en rupture de stock avant de quitter le magasin s'ils pouvaient le récupérer dans l'un des magasins voisins du détaillant ou si l'article pouvait être livré à domicile.

Les détaillants qui cherchent à relever ce défi doivent comprendre les motivations de ce nouveau client. Les détaillants doivent également avoir la vision de tout examiner, de la technologie à la formation du personnel - de la première impression vitale au paiement final, en passant par tout le parcours du client entre les deux - pour offrir l'expérience de magasinage que l'acheteur moderne exige. Par conséquent, plusieurs questions émergent :

Les détaillants doivent-ils former leur personnel et le responsabiliser davantage en magasin ? Doivent-ils embaucher différents types de personnes et les former différemment ?

Certains détaillants recrutent des associés issus d'écoles de théâtre pour presque littéralement remettre du théâtre dans le commerce de détail, avec une formation adéquate bien sûr. Ils reconnaissent que les associés ne sont pas de simples uniformes sur le point de vente.

Chaque associé est un point d'engagement avec le client, le personnel est frustré d'avoir affaire à des clients mieux informés que lui et les détaillants doivent permettre au personnel de penser davantage comme un acheteur, avec une personnalité, une expérience et une formation naturelle, et le support technologique personnel pour donner à l'acheteur la meilleure expérience possible dans le magasin. Ils devraient également être habilités à résoudre les problèmes des clients (stock, tailles, livraison ou enlèvement) et même à prendre des pauses mobiles. In extremis, les résultats d'une telle expérience sont décevants et un personnel 'acteur' n'est pas finalement la réponse à une question qui n'est pas du tout de nature ressources humaines. C'est plus une problématique marketing qui requiert un traitement marketing.

2. L'accélération de la retail renaissance par la Covid-19 : Un contact avec le terrain

Alors que nous sommes en train de digérer une nouvelle vie après le confinement, il semble certain que le comportement des clients adopté pendant la crise du COVID-19 va se poursuivre. Si cette crise a créé de nouveaux défis pour les clients comme pour les détaillants, elle aura aussi remodelé la société et l'économie dans leurs sillages et accéléré la retail renaissance qui était déjà en cours. En particulier, les attentes des clients en matière d'expérience, de personnalisation, de digitalisation, et, bien sûr, de sécurité.

Sans l'ombre d'un doute, nous sommes à l'aube d'une période de grands défis, mais aussi de grandes opportunités. C'est le temps pour les acteurs du retail de redéfinir leurs objectifs et de développer leurs propositions et leurs capacités qui transformeront les façons de s'engager avec les clients, de leur vendre et de les fidéliser.

Avant la crise de la Covid-19, le retail traditionnel était déjà en difficulté et des changements importants étaient en cours. Les détaillants étaient mis au défi par de nouveaux entrants sur le marché - des entreprises natives du numérique, à l'intérieur et à l'extérieur du secteur - offrant aux clients de nouveaux niveaux de découverte et de personnalisation. Parallèlement, on assiste à l'émergence d'un consommateur plus volontaire et conscient, plus attentif à sa consommation et plus conscient de l'objectif social de ses marques de détail préférées. Le tout dans un contexte de concurrence acharnée sur les prix et d'augmentation des coûts de vente des marchandises, qui pèsent sur les opérations.

Une nouvelle renaissance du retail a commencé, obligeant les détaillants à s'adapter à de nouveaux modèles d'affaire, tandis que la perturbation numérique en œuvre alimente d'ores et déjà les attentes croissantes des clients.

Dans cet esprit, l'étude que nous avons mené, avait pour but de mieux cerner le comportement du consommateur durant le contexte particulier de la crise pandémique Covid-19. A cette fin, un cadre conceptuel spécifique de l'expérience de magasinage a été sélectionné, et une méthodologie qualitative a été mise en œuvre. Les résultats relatent des réorientations bien majeures dans le comportement de consommation des acheteurs.

2.1. L'accélération de la retail renaissance par la Covid-19: Un cadre théorique

Avec comme objectif une meilleure compréhension du comportement du consommateur, cette étude a mobilisé un sous-concept de l'expérience de consommation, en l'occurrence, le concept de la valeur perçut de l'expérience de magasinage (la VPEM). Cette VPEM représente en temps normal une dynamique bien particulière à quatre dimensions spécifiques, et notamment une dimension utilitaire, hédonique, sociale et altruiste. A travers notre étude, nous avons mis à l'épreuve cette même conceptualisation dans le contexte si particulier de la Covid-19. A cette fin, un centre de distribution a été sélectionné où l'acheteur avait pour but d'effectuer ses achats dans un environnement marqué par les restrictions sanitaires et sociales particulières de la crise pandémique COVID-19. Dans ce qui suit , nous présentons un bref aperçu du cadre théorique et méthodologique de la recherche ainsi qu'une présentation et discussion des résultats.

2.1.1. La valeur perçue en marketing : un bref aperçu théorique

La littérature marketing aborde la notion de valeur de manière dichotomique. Elle est soit désignée comme une valeur d'échange (valeur d'utilité) et c'est la conceptualisation classique, voire économique, soit comme une valeur d'usage également appelée valeur de consommation ou de possession. Selon la première vision de la valeur, elle serait la relation entre les avantages et les sacrifices et elle a donc un aspect comparatif. Zeithaml (1988) la définit comme : " une appréciation globale de l'utilité du produit basée sur la perception de ce qui est reçu et de ce qui est abandonné ou comme la différence entre les avantages perçus et les coûts perçus ". Cette conception de la valeur est l'une des plus strictes, car elle tend à réduire les bénéfices à des éléments utilitaires (qualité technique ou qualité fonctionnelle) et les coûts à une simple expression du prix ou de l'effort.

En ce qui concerne la valeur d'usage, elle est née des cendres de la valeur d'échange, - et donc de ses limites,- et vient alors la compléter. Ainsi, en plus de l'aspect utilitaire, elle offre un autre aspect de nature symbolique, hédonique voire esthétique. Holbrook (1999) la définit comme " la préférence relative (comparative entre objets, personnelle, situationnelle), caractérisant l'expérience d'un sujet en interaction avec un objet ". La particularité intrinsèque de cette valeur réside dans l'expérience de consommation (ou de possession) elle-même, ni dans le produit consommé, ni dans la marque non plus. Encore la valeur est ici l'interaction entre une personne, un objet et une situation ou un contexte de consommation donné, on parle alors en termes de paradigme P.O.S. (Person - Object - Situation) (Punj et Stewart, 1983). Ce faisant, M. Holbrook (1999) propose une des approches les plus complètes de l'étude de la valeur, et ce, à travers trois dimensions :

a) La nature intrinsèque ou extrinsèque de l'expérience de consommation,

b) Le fait qu'elle soit orientée vers soi ou vers l'autre,

c) Le fait que le consommateur soit actif ou réactif.

2.2. Cadre d'analyse du VPEM

Comme nous avons pu le voir dans le premier chapitre, la fonction du point de vente s'inscrit dans le cadre de l'analyse postmoderne de la consommation (Filser et Plichon, 2004) et la théorie du réenchantement des moyens de consommation (Ritzer, 1999) en fournit l'explication. Plus généralement, la société dans son ensemble est caractérisée par une vague de rationalisation exagérée qui n'a pas épargné l'activité de consommation. Dans ce sillage, le consommateur individuel trouve une stimulation dans l'univers du shopping tout en offrant des formules pour tous les goûts, combinant le shopping, la restauration et les loisirs dans leur forme la plus complète, entre autres les malls et les méga-malls (Filser et Plichon, 2004). Dans la même veine, Bonnin, (2000) précise : « Le point de vente devient ainsi à la fois un lieu de présentation des produits, une source de stimulation esthétique par la mise en scène de l'espace de vente (Hetzel, 2000), et un espace d'interaction entre le client et les produits, propice à une expérience hédoniste et ludique ».

Filser et Plichon (2004) considèrent que la typologie de la valeur de Holbrook a le fondement théorique le plus solide et conseillent de l'utiliser avant tout pour identifier et analyser toutes les dimensions d'une expérience de consommation. A fortiori, la valeur est strictement utilitaire et hédonique.

Cependant, les recherches ont révélé la présence de deux autres types de valeur (Filser et al 2003). La première est exprimée par des valeurs sociales faisant référence à l'environnement social (environnement humain chaleureux, environnement social agréable) et aux interactions avec le personnel présent dans le point de vente. La seconde (Nawel HABIB, 2012) prend la forme de valeurs altruistes qui se traduisent par un comportement citoyen du consommateur qui cherche à retrouver une certaine moralité et une bonne conduite du supermarché (développement durable, engagement social).

2.3. Le design de la recherche

Avec principalement une dimension utilitaire et une autre dimension hédonique, la littérature ne retenait qu'une conceptualisation bidimensionnelle de la VPEM. Toutefois, les recherches récentes en évoquent une troisième et une quatrième dimension - les dimensions sociales et altruistes citées auparavant (Nawel HABIB, 2012)- qui font que la VPEM est désormais définie selon quatre dimensions (voir tableau 4).

Cependant, nous supposons que cette configuration quadridimensionnelle a évolué en temps de crise, chose que nous avons essayé de vérifier dans cette étude. Ainsi, la question à laquelle nous avons essayé de répondre est la suivante : Quelle est la valeur perçue de l'expérience de magasinage (VPEM) en temps de crise ?

Tableau 4 : Les dimensions de la VPEM

Dimensions de la VPEM		**Thèmes évoqués**
Valeur utilitaire	Efficience	Gain de temps, praticité, horaires d'ouverture.
	Excellence	Rapport qualité/prix proposé par l'enseigne.
Valeur hédonique	Ludique	Faire ses achats est une occasion pour se promener, flâner et découvrirde nouvelles tendances et saveurs. ou encore profiter de l'ambiance.
	Esthétique	C'est une occasion d'apprécier les lieux à travers la décoration, l'architecture.
Valeur sociale	Interactions avec le personnel	Les vendeurs, les caissières.
	Interactions avec les autres personnes présentes sur le lieu de vente	Les accompagnants. Les autres clients présents sur le lieu de vente.
Valeur altruiste	Engagement social perçu	Encouragement des petits producteurs (commerce équitable, pays en développement) Implication dans la société (implication dans la vie locale, respect des différences culturelles). Respect des conditions de travail (des fournisseurs, des salariés).
	Engagement environnemental	Développement durable.

Source : Nawel HABIB, La valeur perçue de l'expérience de magasinage : du concept à l'échelle de mesure 2012

2.3.1. Méthodologie

Dans l'ensemble, l'étude de l'expérience du consommateur privilégie une approche qualitative[83] (Aurély Lao et al, 2018), ajoutant à cela le caractère exploratoire de la problématique, - mais aussi les particularités de la crise Covid-19- nous avons opté pour la netnographie[84]. Sous-ensemble de

[83] Cette relation quasi sine qua non entre l'étude de l'expérience et les approches qualitatives sera traitée dans le dernier chapitre.

[84] Vue comme une adaptation technique de l'anthropologie, l'éthographie s'est adaptée à l'univers digital sous la peau de la netnographie. La méthode netnographique sera correctement présentée et expliquée dans le dernier chapitre puisque c'est la méthode choisie pour étudier l'objet de cette thèse « l'expérience de magasinage phygitale ».

l'anthropologie numérique[85], la netnographie est une approche systématique et éthique permettant de suivre les millions de miettes de pain éparpillées à la vue de tous sur les plateformes de médias sociaux, et permet ainsi une compréhension holistique et contextualisée (Kozinets, 2018). Les raisons sous-jacentes du choix de la netnographie seront présentées et expliquées en bonne et due forme dans le dernier chapitre. Toutefois, pour les besoins de cette pré-étude, nous étions enclins à respecter l'acheminement suivant (Kozinets, 2002) :

a. La collecte et l'analyse des données ;
b. Assurer la fiabilité de l'interprétation des données ;
c. Principales conclusions et éthique de l'approche.

Plus particulièrement, il s'agit d'une netnographie de type observation non-participante. La raison du choix de l'observation non-participante est l'influence indésirable du chercheur sur le groupe (Elliott et Jankel-Elliot, 2003). Cela dit, la collecte de données a été effectuée sur des réseaux sociaux communautaires uniquement (Reddit[86] et YouTube notamment). Trois communautés d'acheteurs ont été choisies

---

[85] L'anthropologie numérique est l'étude anthropologique de la relation entre les humains et la technologie de l'ère numérique. Ce domaine est nouveau et porte des noms variés. Il s'agit notamment de la techno-anthropologie, de l'ethnographie numérique, de la cyberanthropologie et de l'anthropologie virtuelle. A son rôle, elle sera présentée et expliquée tout au long de l'anthropologie 'classique' dans le dernier chapitre.

[86] De par sa nature fondamentalement communautaire, Reddit est considéré comme la Mecque des consommateurs technophiles à l'affut d'expériences authentoc (Caru et Cova 2003). Selon leur site web, « Reddit est le foyer de milliers de communautés, de conversations sans fin et de connexions humaines authentiques. Que vous soyez amateur de nouvelles, de sport, de théories de fans de télévision ou d'un flot ininterrompu d'animaux les plus mignons d'Internet, il y a une communauté sur Reddit pour vous ». La réalité sur Raddit est dissociée de toutes influences ou biais externes, faisant d'elle une source incontournable de données fiables, saines et utiles à toutes fins scientifiques.

et chaque communauté effectue régulièrement ses achats et donc fidèle à une marque en particulier.

Les trois communautés avaient pour dénominateur commun une passion considérable pour le shopping. Ainsi, elles partageait assidument du contenu par apport à leurs activités de magasinage en général, et en particulier, du contenu relatif à la liste de course de semaine pour la famille. Durant la période de la Covid-19, les communautés sélectionnées été particulièrement prolifiques par rapport au contenu partagé, en l'occurrence, des vidéos montrant un membre de la communautés en train de faire ses courses hebdomadaires. Les vidéos postées, la communauté s'engageait dans la section commentaire à interpréter, à décrire et à analyser l'expérience de magasinage.

Les marques de distributeur choisies par les communautés sont toutes les deux américaines. Il s'agit notamment des marques de deux leaders mondiaux : Walmart[87] et Target. Les communautés justifient ce choix par leurs bonne gestion de la pandémie.

Quant à la nature des données collectées, elles étaient à la fois textuelles (les commentaires contenant des informations détaillées sur leurs expériences dans le centre de distribution) et audiovisuelles (commentaires filmés in situ de plusieurs acheteurs). Toutes les données ont fait l'objet d'un examen approfondi et seules les principales données présentant des opinions de consommateurs pertinentes ont été retenues. Ainsi, les aspects qui ont été pris en compte lors de la sélection des messages des acheteurs :

---

[87] Le croisement de plusieurs sources (les classements de l'institut Kantar, la National Retail Federation, et de Deloitte) nous révèle que, selon le critère du chiffre d'affaires, l'américain Walmart est le numéro un mondial de la distribution, suivi d'Amazon et puis de Schwarz Gruppe (Lidl).

- Les textes de nature expérientielle qui contiennent une description complète de l'expérience,
- Les commentaires contenant une quantité importante de données,
- Tous les commentaires sont examinés,
- Les commentaires en deux langues (anglais et français),
- Les données audiovisuelles ont été correctement textualités,
- Toute donnée non pertinente est éliminée.

Bien que de portée internationale, les données sont téléchargées en anglais et en français. Finalement, une traduction des textes anglais en français a été effectuée afin de faciliter leur manipulation dans le logiciel. Enfin, une analyse des données textuelles ou (l'ADT[88]) selon une méthode comparative constante a été réalisée à l'aide du logiciel d'analyse de données qualitatives Iramuteq (Interface de R pour les Analyses Multidimensionnelles de Textes et de Questionnaires[89]). Cette étude a permis d'analyser l'expérience de magasinage en temps de crise à partir d'un corpus de texte à base de commentaires en suivant les

---

[88] Sous l'impulsion des outils informatiques, l'analyse de données textuelles est une approche
scientifique permettant de considérer les textes comme des données organisées qui être analysées indépendamment de leur énonciation. Sous l'impulsion des outils informatiques, l'analyse de données textuelles est une approche scientifique permettant de considérer les textes comme des données organisées qui être analysées indépendamment de leur énonciation. En elle-même, l'approche peut être considérée comme un prolongement des travaux pionniers de Jean-Paul Benzécri (1960) sur des corpus de textes littéraires.

[89] L'Interface de R pour les Analyses Multidimensionnelles de Textes et de Questionnaires (), est un logiciel libre construit avec des logiciels libres. Il permet de faire des analyses statistiques sur des corpus texte et sur des tableaux individus/caractères. Il repose sur le logiciel R (www.r-project.org) et le langage python (www.python.org).

principes d'analyse et d'interprétation des données qualitatives recommandés par Spiggle (1994). Les dimensions analysées sont celles de la valeur perçue de l'expérience d'achat (VPEM), comme l'illustre le tableau 3.

Il s'agit de quatre dimensions de la VPEM citées auparavant, et notamment : la valeur utilitaire, la valeur hédonique, la valeur sociale et la valeur altruiste. L'objectif de l'analyse est de vérifier la présence de ces dimensions et de comparer leur dynamique avec celle en période de crise.

2.4.Résultats et discussions

2.4.1 Analyse des items de discussion

L'analyse des statistiques des données via IRAMUTEQ, nous permet d'identifier un florilège d'items fondamentaux (Figure 17). Grâce à la taille de la police, la visibilité est plus grande pour certains tags, qui occupent un espace plus important que les autres et font ainsi une mise en avant. Bien que le nuage soit ordonné comme un paragraphe de texte (horizontalement et verticalement), il ne présente pas une continuité dans la visualisation qui permettrait la reconstruction du sens. L'absence de phrases et de ponctuation indique que le voisinage graphique ne doit produire aucun effet syntaxique, aucune combinaison entre les balises, mais seulement une offre de points de fixation bien distingués par du blanc entre eux, car ils restent bien distincts.

Figure 18: L'analyse du nuage des items fondamentaux de la VPEM

Source : Résultats de l'étude statistique

Comme nous pouvons le constater, les mots aller et prendre sont sur un pied d'égalité et occupent une place importante. Par conséquent, ils évoquent l'aspect utilitaire propre à la première dimension du VPEM, à savoir la dimension utilitaire. Une série de mots significatifs tels que : penser, trouver, voir, essayer, avoir besoin, qui appartiennent également à la même catégorie, et qui, par conséquent, confirment le caractère presque strictement utilitaire d'un VPEM en temps de crise.

En revanche, le mot like est presque seul évocateur de l'aspect hédonique, qui comme prévu, est secondaire en temps de crise. In fine, le nuage d'items reflète un comportement plutôt égocentrique, voire antisocial, qui annule les deux dernières dimensions du VPEM selon la conceptualisation de Nawel Habib (Voir tableau 3). Le regroupement manuel des items ci-dessus nous a permis de déduire le poids suivant des différents concepts utilisés (Tableau 5).

La présence d'un terme dans le nuage est motivée par un calcul, celui de la fréquence d'apparition de ce tag, les moins fréquents n'apparaissant même pas, les plus fréquents apparaissant en plus grande taille : il s'agit donc de la représentation d'une forme de doxa locale, basée sur des statistiques de fréquence.

2.4.2 Poids des dimensions de la VPEM

Dans l'explication de la VPM en temps de crise, on note une hégémonie totale de la valeur utilitaire (87, 24%) révélant un comportement de consommation classique qui privilégie la réponse aux besoins plutôt que l'enchantement de l'acheteur. Ceci peut s'expliquer par la priorisation du shopping sur la recherche hédonique ou sociale. Un comportement d'achat typique en période de crise.

Ces résultats apportent plusieurs enseignements intéressants :

D'abord, la prédominance de la dimension utilitaire dans la VPEM confirme que, dans les situations de crise, le comportement d'achat devient plus rationnel et orienté vers la recherche d'efficacité. Le consommateur privilégie la satisfaction d'un besoin immédiat plutôt que la quête de plaisir ou d'esthétique. Cette orientation traduit une forme d'« économie cognitive » où la consommation vise à réduire l'incertitude plutôt qu'à maximiser l'émotion.

Tableau 5 : Le poids des dimensions de la VPEM

Concept	Frequencce	%
Aller	30	20,13
Prendre	22	14,76
Voir	17	11,40
Chose	12	8,05
Trouver	9	6,04
Essayer	9	6,04
Aimer	9	6,04
Penser	8	5,36
Décider	8	5,36
Besoin	8	5,36
Mignon	5	3,35
Joli	5	3,35
Toucher	4	2,68
Queue	3	2,01
Total	**149**	**100**

Source : Résultats de l'étude statistique

Ensuite, la faible présence des dimensions hédoniques, sociales et altruistes illustre un recentrage sur soi et sur la fonction première du produit. En période de crise, le consommateur réduit les dimensions symboliques et expérientielles de l'acte d'achat, ce qui entraîne une simplification des critères de choix et un rapport plus instrumental au commerce.

Le lexique observé dans l'analyse du contenu corrobore cette tendance. Les verbes comme aller, prendre, voir ou choisir renvoient à des actions concrètes et intentionnelles, témoignant d'une consommation dominée par la recherche et la décision. En revanche, des termes plus affectifs tels que aimer, penser ou toucher apparaissent de manière marginale, indiquant que la relation émotionnelle ou sensorielle au produit reste secondaire dans le contexte étudié.

Enfin, ces constats permettent d'envisager la VPEM comme un indicateur de la résilience des comportements de consommation. Le fait que la dimension utilitaire s'impose ne traduit pas une régression, mais une adaptation : le consommateur ajuste son rapport à la consommation pour préserver un sentiment de contrôle et de continuité. En ce sens, la valeur perçue du shopping en période de crise peut être lue comme une stratégie d'équilibre entre contrainte économique, besoin de sens et maintien d'un lien social minimal.

Tableau 6: Le poids des dimensions de la VPEM

Catégorie	**Score**	**Fréquence**
Dimension utilitaire	130	87,24
Dimension hédonique	19	10,55
Dimension sociale	0	0
Dimension altruiste	0	0
Totaux	**149**	

Source : Résultats de l'étude statistique

La valeur hédonique arrive en deuxième position avec seulement 10,55 %, ce qui confirme une structure de la VPEM presque unidimensionnelle. Ce résultat suggère que la dimension du plaisir, bien qu'existante, demeure secondaire dans l'expérience du consommateur en période de crise. L'acte de consommation semble avant tout répondre à un besoin fonctionnel, rationnel et orienté vers la résolution de problèmes, reléguant la recherche de plaisir à un rôle accessoire.

Quant aux dimensions sociale et altruiste, leur absence traduit une désaffiliation symbolique vis-à-vis du collectif : le consommateur agit ici comme un individu isolé, recentré sur ses priorités immédiates plutôt que sur le partage ou la solidarité. Ce retrait des dimensions relationnelles témoigne d'une reconfiguration des valeurs de consommation, où la préservation de soi et la sécurité priment sur la connexion sociale.

Ainsi, la VPEM en contexte de crise prend la forme d'une valeur instrumentale, dominée par l'utilité et l'efficacité, dans laquelle la dimension expérientielle – plaisir, émotion, lien – s'efface temporairement au profit de comportements plus prudents et plus rationnels.

Ici, l'objectif est d'observer la dynamique du VPEM pendant un temps de crise, et ce d'une communauté virtuelle particulière.

Nous avons mené une étude ethnographique en ligne sur un échantillon de communautés virtuelles américaines. Les discussions ont été analysées qualitativement afin de comprendre la structure du VPEM en temps de crise. Notre étude s'inscrit ainsi au cœur des préoccupations des chercheurs et des décideurs et permet de mieux comprendre les expériences des clients du commerce de détail en temps de crise.

Cette étude apporte une contribution double : d'une part, elle offre un éclairage sur la manière dont la valeur perçue et les dimensions hédoniques, sociales et utilitaires évoluent en temps de crise ; d'autre part, elle fournit des indications concrètes aux chercheurs et aux décideurs du commerce de détail pour mieux anticiper et gérer les expériences clients dans des contextes perturbés. Les résultats montrent que certaines dimensions du VPEM peuvent se renforcer ou s'affaiblir selon la nature de la crise et les interactions au sein de la communauté, ce qui souligne l'importance d'adopter une approche dynamique et contextuelle de l'expérience client.

Synthèse conclusive

Ce livre cherche à proposer une prise de recul théorique et un recadrage pratique sur l'industrie du retail. Dans cette perspective, la littérature académique apparaît unanime sur la fatalité d'une retail apocalypse qui serait en train de redistribuer les pouvoirs. De là, la première partie de ce livre s'est posée comme question la grande disruption à l'œuvre dans le retail. Une revue de littérature extensive a été présentée via cinq éléments clés, et notamment, le retail en magasin du côté stratégique et du côté tactique, le retail hors magasin, le retail à l'international jusqu'à la littérature sur l'expérience du retail. Ensuite, la question du retail apocalypse a été abordée avec comme second élément d'analyse le e-commerce. Cette première partie a été clôturée avec la question majeure de la prospective du retail.

La deuxième partie de ce livre aspire à un avenir meilleur en présentant une poignée d'éléments factuels mettant en doute la véracité du retail apocalypse. Entre illusion ou réalité, cette question a été traitée tout en mobilisant les quelques écrits sur l'évolution du paradigme retail mais surtout en évoquant le rebondissement cyclique qui semble s'être dessiné. Il s'agit de la question de la grande bifurcation du retail qui a donné lieu à une retail renaissance. Cette dernière semble avoir donné une seconde vie au retail en plaçant le concept de l'expérience de consommation au cœur de l'offre de magasinage.

Finalement, un premier contact avec le terrain a été établi afin de scruter l'intensité de la dynamique dans le retail durant la crise pandémique de la Covid-19. À cette fin, une méthodologie qualitative a été déployée à travers une ethnographie numérique. Entrée, collecte de données, analyse et interprétation et éthique de la recherche sont les étapes que nous avons essayé de respecter pour découvrir une réorientation majeure dans le comportement du consommateur durant le temps de la crise. Ce dernier semble avoir adopté une posture comportementale pragmatique, rendant son expérience de shopping en temps de crise radicalement différente à celle en temps normal.

Au-delà de ces constats, il convient désormais de penser une autre forme d'apocalypse, plus subtile et peut-être plus décisive : celle engendrée par la technologie elle-même. Non pas une apocalypse de destruction, mais une apocalypse de sens. Le commerce connecté, l'intelligence artificielle, les algorithmes de recommandation et la data omniprésente reconfigurent silencieusement nos manières d'être au monde. L'automatisation promet la fluidité, mais risque parfois de dissoudre la relation. L'instantanéité offre le confort, mais érode la patience. Dans cet entre-deux, le consommateur devient à la fois acteur et produit, libre et surveillé, créateur d'expériences et objet d'expérimentation. Le retail moderne se situe alors sur une ligne de crête : entre la promesse d'un progrès technologique émancipateur et la menace d'un appauvrissement symbolique de l'expérience humaine.

C'est ici que réside la véritable épreuve du retail contemporain : réconcilier la technique et la sensibilité, la donnée et le désir, l'efficacité et la rencontre. Le digital ne doit pas être vu comme un adversaire du magasin physique, mais comme un miroir de nos contradictions collectives. Derrière chaque innovation, se cache une question morale : jusqu'où laisserons-nous la machine traduire nos émotions, orienter nos choix, anticiper nos besoins ? La réponse à cette question déterminera non seulement le futur du commerce, mais celui de notre rapport à la liberté.

Ainsi, le retail n'est pas seulement un champ économique : il est une scène anthropologique où s'écrit le destin de la modernité. Dans ses mutations, se révèlent nos peurs et nos espérances. La "retail apocalypse" n'est donc peut-être qu'un mythe fondateur, un mot commode pour désigner le passage d'un monde marchand à un autre — non pas la fin d'un système, mais la métamorphose d'un rapport à soi, à l'autre et à la société.

Penser la consommation aujourd'hui, c'est penser l'humain dans sa complexité : un être de chair et de données, de raison et d'émotion, de désir et de fatigue. À travers l'acte d'achat se rejoue désormais une question éthique : celle du sens et de la mesure. Le consommateur n'est plus simplement un client ; il est un citoyen, un sujet, parfois un résistant silencieux face à la saturation des offres et à la promesse illimitée du numérique. C'est à cette humanité-là, fragile et résiliente, que ce livre rend hommage : celle qui, dans le tumulte des mutations technologiques, cherche encore à préserver un peu de présence, de lenteur et de beauté dans l'acte de consommer.

RÉFÉRENCES BIBLIOGRAPHIQUES

Amadeo, K. (2019). *Ventes au détail aux États-Unis.*

Anderson, C. (2006). *The long tail: Why the future of business is selling less of more.* Hyperion.

Atluri, V., Dietz, M., & Henke, N. (2017). Competing in a world of sectors without borders. *McKinsey Quarterly*, 3, 32-47.

Badillo, P.-Y., Lesourd, J.-B., & Schilizzi, S. (2009). La fracture numérique : une faille sans fondement ? *Réseaux*, 155(3), 19-76.

Babin, B. J., & Darden, W. R. (1995). Consumer self-regulation in a retail environment. *Journal of Retailing*, 71(1), 47-70.

Bailey, A. A., Pentina, I., Mishra, A. S., & Ben Mimoun, M. S. (2010). Mobile payments adoption by US consumers: An extended TAM. *International Journal of Retail & Distribution Management*, 38(10), 742-761.

Bakos, Y. (2001). The emerging landscape for retail e-commerce. *Journal of Economic Perspectives*, 15(1), 69-80.

Balasubramanian, S., Raghunathan, R., & Mahajan, V. (2005). Consumers in a multichannel environment: Product utility, process utility, and channel choice. *Journal of Interactive Marketing*, 19(2), 12-30.

Barber, S. (2018). The retail renaissance: Technology-driven transformation. *Retail Technology Review*.

Barrutia, J. M., & Gilsanz, A. (2005). Consumer power: Measurement and typology. *Journal of Consumer Marketing*, 22(4), 196-208.

Bemmaor, A. C., & Mouchoux, D. (1991). Measuring the short-term effect of in-store promotion and retail advertising on brand sales: A factorial experiment. *Journal of Marketing Research*, 28(2), 202-214.

Biswas, A., & Blair, E. A. (1991). Contextual effects of reference prices in retail advertisements. *Journal of Marketing*, 55(3), 1-12.

Bloch, P. H., Ridgway, N. M., & Dawson, S. A. (1994). The shopping mall as consumer habitat. *Journal of Retailing*, 70(1), 23-42.

Bonnin, G. (2000). L'expérience de magasinage : conceptualisation et exploration des rôles du comportement physique et de l'aménagement de l'espace [Thèse de doctorat, Université de Bourgogne].

Boyarsky, K., Grimmelt, A., & Wei, D. (2016). *The customer experience: Creating value through transforming customer journeys*. McKinsey & Company.

Brown, S. (1988). The wheel of the wheel of retailing. *International Journal of Retailing*, 3(1), 16-37.

Brynjolfsson, E., & McAfee, A. (2014). *The second machine age: Work, progress, and prosperity in a time of brilliant technologies*. W. W. Norton & Company.

Brynjolfsson, E., & Smith, M. D. (2000). Frictionless commerce? A comparison of Internet and conventional retailers. *Management Science*, 46(4), 563-585.

Bughin, J., Hazan, E., Lund, S., Dahlström, P., Wiesinger, A., & Subramaniam, A. (2017). *Artificial intelligence: The next digital frontier?* McKinsey Global Institute.

Bureau of Labor Statistics. (2018). *Employment projections*. U.S. Department of Labor.

Burt, S., & Sparks, L. (2003). E-commerce and the retail process: A review. *Journal of Retailing and Consumer Services,* 10(5), 275-286.

Butler, S. (2018). UK retail crisis deepens as shop closures hit record high. *The Guardian.*

Carey, G. (2012). *Ultimate things: An introduction to Jewish and Christian apocalyptic literature.* Chalice Press.

Caru, A., & Cova, B. (2003). Revisiting consumption experience: A more humble but complete view of the concept. *Marketing Theory,* 3(2), 267-286.

Christensen, C. M. (1997). *The innovator's dilemma: When new technologies cause great firms to fail.* Harvard Business School Press.

Chu, W., & Chu, W. (1994). Signaling quality by selling through a reputable retailer: An example of renting the reputation of another agent. *Marketing Science,* 13(2), 177-189.

Clarke, I., Hallsworth, A., Jackson, P., de Kervenoael, R., Perez-del-Aguila, R., & Kirkup, M. (2006). Retail restructuring and consumer choice 1: Long-term local changes in consumer behaviour. *Environment and Planning A,* 38(1), 25-46.

Collins, J. J. (2004). *The apocalyptic imagination: An introduction to Jewish apocalyptic literature* (2e éd.). Eerdmans. (Cité dans Lewis, 2004)

Corkery, M. (2017). Is American retail at a historic tipping point? *The New York Times.*

Cox, A. D., & Cox, D. (1990). Competing on price: The role of retail price advertisements in shaping store-price image. *Journal of Retailing,* 66(4), 428-445.

Davidson, W. R., Bates, A. D., & Bass, S. J. (1976). The retail life cycle. *Harvard Business Review,* 54(6), 89-96.

Davis, S., Inman, J. J., & McAlister, L. (2000). Promotions have varying effects on brand evaluations. *Journal of Marketing Research*, 37(4), 410-421.

Dawson, J. (2001). Strategy and opportunism in European retail internationalization. *British Journal of Management*, 12(4), 253-266.

Dhar, S. K., & Hoch, S. J. (1996). Price discrimination using in-store merchandising. *Journal of Marketing*, 60(1), 17-30.

Dickson, P. R., & Sawyer, A. G. (1990). The price knowledge and search of supermarket shoppers. *Journal of Marketing*, 54(3), 42-53.

Dodds, W. B., Monroe, K. B., & Grewal, D. (1991). Effects of price, brand, and store information on buyers' product evaluations. *Journal of Marketing Research*, 28(3), 307-319.

Doherty, N. F., Ellis-Chadwick, F., & Hart, C. A. (1999). Cyber retailing in the UK: The potential of the Internet as a retail channel. *International Journal of Retail & Distribution Management*, 27(1), 22-36.

Drucker, P. F. (1954). *The practice of management*. Harper & Row.

Elbaz, J. (2018). *The state of consumer behavior in retail 2018*. RetailMeNot.

Elliott, R., & Jankel-Elliott, N. (2003). Using ethnography in strategic consumer research. *Qualitative Market Research*, 6(4), 215-223.

Eroglu, S. A., & Machleit, K. A. (1990). An empirical study of retail crowding: Antecedents and consequences. *Journal of Retailing*, 66(2), 201-221.

Filser, M., & Plichon, V. (2004). La valeur du comportement de magasinage. De la conceptualisation aux stratégies de positionnement des enseignes. *Revue Française du Marketing*, 196, 29-43.

Filser, M., Plichon, V., & Anteblian-Lambrey, B. (2003). La valorisation de l'expérience en magasin : analyse de l'adaptabilité d'une échelle de mesure de la valeur perçue. Actes du 6e Colloque Etienne Thil, La Rochelle.

Fotheringham, A. S. (1988). Consumer store choice and choice set definition. *Marketing Science*, 7(3), 299-310.

Friedrich, R., Peterson, M., Koster, A., & Blum, S. (2011). *The rise of Generation* C. Strategy+Business.

Galbraith, J. K. (1952). *American capitalism: The concept of countervailing power*. Houghton Mifflin.

Goldman, A. (1991). Japan's distribution system: Institutional structure, internal political economy, and modernization. *Journal of Retailing*, 67(2), 154-183.

Goldman, A. (1992). Evaluating the performance of the Japanese distribution system. *Journal of Retailing*, 68(1), 11-39.

Grewal, D., Roggeveen, A. L., & Nordfält, J. (2017). The future of retailing. *Journal of Retailing*, 93(1), 1-6.

Grossbart, S., Hampton, R., Rammohan, B., & Lapidus, R. S. (1990). Environmental dispositions and customer response to store atmospherics. *Journal of Business Research*, 21(3), 225-241.

Habib, N. (2012). *La valeur perçue de l'expérience de magasinage : du concept à l'échelle de mesure* [Thèse de doctorat]. Université de Grenoble.

Halem, J., Michel, A., & Rupert, J. (2020). Understanding consumer evaluation of the retail apocalypse. *Journal of Consumer Research*, 47(2), 263-284.

Hansen, T., Jensen, J. M., & Solgaard, H. S. (2006). Predicting online grocery buying intention. *International Journal of Information Management*, 24(4), 294-305.

Harper, D., & Douglas, E. (2008). *Online etymology dictionary*. https://www.etymonline.com (Consulté le 02/10/2025).

Hart, C., Doherty, N., & Ellis-Chadwick, F. (2000). Retailer adoption of the Internet – implications for retail marketing. *European Journal of Marketing*, 34(8), 954-974.

Haslehurst, M., & McKone, D. (2015). *The customer experience: The final frontier*. Accenture.

Heathwood, J., & Tauber, M. (2018). Lessons from America's last major mall. *Retail Design Blog*.

Hetzel, P. (2000). *Planet conso : Marketing expérientiel et nouveaux univers de consommation*. Éditions d'Organisation.

Hoch, S. J., Kim, B. D., Montgomery, A. L., & Rossi, P. E. (1995). Determinants of store-level price elasticity. *Journal of Marketing Research*, 32(1), 17-29.

Hoffman, D. L., & Novak, T. P. (2000). How to acquire customers on the web. *Harvard Business Review*, 78(3), 179-188.

Holbrook, M. B. (1999). *Consumer value: A framework for analysis and research*. Routledge.

Hollander, S. C. (1960). The wheel of retailing. *Journal of Marketing*, 25(1), 37-42.

Hollander, S. C. (1966). Notes on the retail accordion. *Journal of Retailing*, 42(2), 29-40, 54.

Holman, L. (2018). *Retail's renaissance: True story of store openings and closings*. IHL Group.

Holman, L., & Buzek, G. (2018). *Five retailers opening stores for every retailer closing stores*. IHL Group.

Ingene, C. A., & Ghosh, A. (1991). Consumer and producer behavior in a multipurpose shopping environment. *Geographical Analysis*, 23(1), 70-93.

Isidore, C. (2017). Store closings triple in 2017. *CNN Business*.

Jensen, K., & Rao, A. R. (1988). A model of price adjustment. *Journal of Marketing Research*, 25(3), 290-297.

Katros, V. (2000). A note on Internet adoption. *Quarterly Journal of Electronic Commerce*, 1(3), 275-279.

Keen, C., Wetzels, M., De Ruyter, K., & Feinberg, R. (2004). E-tailers versus retailers: Which factors determine consumer preferences. *Journal of Business Research*, 57(7), 685-695.

Kesstenbaum, R. (2017). Retail apocalypse or renaissance? *Forbes*.

Kline, D. B. (2018). The death of retail is being greatly exaggerated. *The Motley Fool*.

Knight, D. K., Forney, J. C., & Mihalick, L. (2019). Retail Renaissance: A Case Study of Retail Education Reimagined. Journal for Advancement of Marketing Education, 27(2).

Kotha, S. (1998). Competing on the Internet: The case of Amazon.com. *European Management Journal*, 16(2), 212-222.

Kotler, P. (1991). *Marketing management: Analysis, planning, implementation, and control* (7e éd.). Prentice Hall.

Kotler, P. (2017). *Retail 4.0: The future of retail in the Fourth Industrial Revolution*. World Retail Congress.

Kozinets, R. V. (2002). The field behind the screen: Using netnography for marketing research in online communities. *Journal of Marketing Research*, 39(1), 61-72.

Kozinets, R. V. (2018). *Netnography: The essential guide to qualitative social media research* (3e éd.). SAGE Publications.

Krishna, A., Currim, I. S., & Shoemaker, R. W. (1991). Consumer perceptions of promotional activity. *Journal of Marketing*, 55(2), 4-16.

Labrecque, L. I., vor dem Esche, J., Mathwick, C., Novak, T. P., & Hofacker, C. F. (2013). Consumer power: Evolution in the digital age. *Journal of Interactive Marketing*, 27(4), 257-269.

Lao, A., Huang, C., & Liu, Y. (2018). Qualitative approaches in consumer experience research. *Journal of Consumer Behavior*, 17(3), 245-259.

Levitt, T. (1960). Marketing myopia. *Harvard Business Review*, 38(4), 45-56.

Lewin, K. (1944). The dynamics of group action. *Educational Leadership*, 1, 195-200.

Lewin, K. (1946). Action research and minority problems. *Journal of Social Issues*, 2(4), 34-46.

Lewis, J. R. (2004). *The Oxford handbook of new religious movements*. Oxford University Press.

Lindstrom, M. (2016). *Small data: The tiny clues that uncover huge trends*. St. Martin's Press.

Lobaugh, K., Simpson, J., & Stephens, H. (2018). *The great retail bifurcation: Why the retail "apocalypse" is really a renaissance*. Deloitte Insights.

Mandel, M. (2017). *How e-commerce creates jobs and reduces income inequality*. Progressive Policy Institute.

Manrai, L. A., & Manrai, A. K. (1992). Positioning European countries as brands in a perceptual map: An empirical study of determinants of consumer perceptions and preferences. *Journal of Euromarketing*, 2(3), 101-129.

Mathews, C. (2018). The retail apocalypse has been greatly exaggerated. *Fortune*.

McArthur, E., Weaven, S., & Dant, R. (2016). The evolution of retailing: A meta review of the literature. *Journal of Macromarketing*, 36(3), 272-286.

McDonald, K., & Smith-Rowsey, D. (2016). *The Netflix effect: Technology and entertainment in the 21st century*. Bloomsbury Academic.

McLafferty, S., & Ghosh, A. (1991). *Handbook of store location*. Quorum Books.

McNair, M. P. (1931). Trends in large-scale retailing. *Harvard Business Review*, 10(1), 30-39.

McNair, M. P. (1958). Significant trends and developments in the postwar period. Dans A. B. Smith (dir.), *Competitive distribution in a free, high-level economy and its implications for the university* (p. 1-25). University of Pittsburgh Press.

McNair, M. P., & May, E. G. (1976). The evolution of retail institutions in the United States. *Marketing Science Institute*.

Morgan, B. (2018). The death of the high street: Why retailers are really struggling. *Forbes*.

Morganosky, M. A. (1997). Retail market structure change: Implications for retailers and consumers. *International Journal of Retail & Distribution Management*, 25(8), 269-274.

Morganosky, M. A., & Cude, B. J. (2000). Consumer response to online grocery shopping. *International Journal of Retail & Distribution Management*, 28(1), 17-26.

Mousli, M. (2009). Jean-Marie Dru et la disruption. *Alternatives Économiques*, 283, 84.

Mulhern, F. J. (1997). Retail marketing: From distribution to integration. *International Journal of Research in Marketing*, 14(2), 103-124.

Mulhern, F. J., & Leone, R. P. (1991). Implicit price bundling of retail products: A multiproduct approach to maximizing store profitability. *Journal of Marketing*, 55(4), 63-76.

Mulhern, F. J., & Leone, R. P. (1994). Retail promotional advertising: Do the number of deal items and size of deal discounts affect store performance? *Journal of Business Research*, 29(3), 179-194.

Mulhern, F. J., & Padgett, D. T. (1995). The relationship between retail price promotions and regular price purchases. *Journal of Marketing*, 59(4), 83-90.

Myerson, P. (2020). *Omni-channel retail and the supply chain* (1re éd.). CRC Press.

Nanda, M. C. (2020). Gen-Z shopping: Separating myth from reality. Business of Fashion.

Nieschlag, R. (1954). Die Dynamik der Betriebsformen im Handel. *Rheinisch-Westfälisches Institut für Wirtschaftsforschung*.

Ody, P. (2000). Channel-hopping is the key'. Retail Week, 5.

Oldenburg, R. (1989). *The great good place: Cafés, coffee shops, bookstores, bars, hair salons, and other hangouts at the heart of a community*. Paragon House.

Pantano, E., Priporas, C. V., & Stylos, N. (2018). Knowledge push curve (KPC) in retailing: Evidence from patented innovations analysis affecting retailers' competitiveness. *Journal of Retailing and Consumer Services*, 44, 150-160.

Pavitt, D. (1997). Retailing and the super high street: The future of the electronic home shopping industry. *International Journal of Retail & Distribution Management*, 25(1), 38-43.

Peterson, R. A., Albaum, G., & Ridgway, N. M. (1987). Consumers who buy from direct sales companies. *Journal of Retailing*, 65(2), 273-286.

Peterson, R. A., Balasubramanian, S., & Bronnenberg, B. J. (1997). Exploring the implications of the Internet for consumer marketing. *Journal of the Academy of Marketing Science,* 25(4), 329-346.

Porter, M. E., & Heppelmann, J. E. (2014). How smart, connected products are transforming competition. *Harvard Business Review,* 92(11), 64-88.

Punj, G. N., & Stewart, D. W. (1983). An interaction framework of consumer decision making. *Journal of Consumer Research,* 10(2), 181-196.

Reynolds, J. (1997). *Retailing in computer-mediated environments: Electronic commerce across Europe. International Journal of Retail & Distribution Management,* 25(1), 29-37.

Reynolds, J. (2000). eCommerce: A critical review. *International Journal of Retail & Distribution Management,* 28(10), 417-444.

Reynolds, J., Howard, E., Dragun, D., Rosewell, B., & Ormerod, P. (2007). Assessing the productivity of the UK retail sector. *International Review of Retail, Distribution and Consumer Research,* 17(2), 105-124.

Rezabakhsh, B., Bornemann, D., Hansen, U., & Schrader, U. (2006). Consumer power: A comparison of the old economy and the Internet economy. *Journal of Consumer Policy,* 29(1), 3-36.

Rha, J. Y., & Widdows, R. (2002). The Internet economy and consumer power. *Journal of Consumer Affairs,* 36(1), 1-23.

Rifkin, J. (2014). *The zero marginal cost society: The Internet of things, the collaborative commons, and the eclipse of capitalism.* Palgrave Macmillan.

Ritzer, G. (1999). *Enchanting a disenchanted world: Revolutionizing the means of consumption.* Pine Forge Press.

Roese, N. J., Park, S., Smallman, R., & Gibson, C. (2012). Schematic thinking: Desire for structure affects consumer preferences. *Journal of Consumer Psychology*, 22(3), 391-399.

Rowley, J. (1996). Retailing and shopping on the Internet. *International Journal of Retail & Distribution Management*, 24(3), 26-37.

Samiee, S. (1993). Retailing and channel considerations in developing countries: A review and research propositions. *Journal of Business Research*, 27(2), 103-129.

Sanburne, J. (2017). A quarter of US malls could close by 2023. *Business Insider*.

Savitt, R. (1988). The wheel of retailing and retail product management. *European Journal of Marketing*, 23(3), 43-54.

Schoenbachler, D. D., & Gordon, G. L. (2002). Multi-channel shopping: Understanding what drives channel choice. *Journal of Consumer Marketing*, 19(1), 42-53.

Schultz, D. E. (1992). Integrated marketing communications. *Journal of Promotion Management*, 1(1), 99-104.

Shah, D., Rust, R. T., Parasuraman, A., Staelin, R., & Day, G. S. (2006). The path to customer centricity. *Journal of Service Research*, 9(2), 113-124.

Shapiro, C., & Varian, H. R. (1999). *Information rules: A strategic guide to the network economy*. Harvard Business School Press.

Shipman, A. (2001). *The globalization myth*. Icon Books.

Simester, D. (1995). Signalling price image using advertised prices. *Marketing Science*, 14(2), 166-188.

Simon, H. A. (1968). *The sciences of the artificial*. MIT Press.

Simon, H. A. (1978). *The sciences of the artificial* (2e éd.). MIT Press.

Snyder, B. (2018). These are all the retailers that have filed for bankruptcy in 2018. *USA Today*.

Spangenberg, E. R., Crowley, A. E., & Henderson, P. W. (1996). Improving the store environment: Do olfactory cues affect evaluations and behaviors? *Journal of Marketing*, 60(2), 67-80.

Sparks, L., & Findlay, A. M. (2000). Retail location: Geographical perspectives. Dans G. Clarke, M. P. Eyre & C. Guy (dir.), *Retail location analysis* (p. 1-20). John Wiley & Sons.

Spiggle, S. (1994). Analysis and interpretation of qualitative data in consumer research. *Journal of Consumer Research*, 21(3), 491-503.

Stern, L. W. (1999). The impact of e-commerce on marketing channels. *Journal of Retailing*, 75(1), 31-38.

Stiegler, B. (2006). *La télécratie contre la démocratie*. Flammarion.

Tapscott, D., & Tapscott, A. (2016). *Blockchain revolution: How the technology behind bitcoin is changing money, business, and the world*. Portfolio/Penguin.

Tauber, E. M. (1972). Why do people shop? *Journal of Marketing*, 36(4), 46-49.

Tedlow, R. S. (1997). *New and improved: The story of mass marketing in America*. Harvard Business School Press.

Thompson, D. (2017, April 10). What in the world is causing the retail meltdown of 2017? *The Atlantic*.

Timmermans, H., Van der Heijden, R., & Westerveld, H. (1991). Decision making between multiattribute choice alternatives: A model of spatial shopping-behaviour using conjoint measurements. *Environment and Planning A*, 23(3), 377-391.

Toffler, A., & Toffler, H. (1970). *Future shock*. Random House.

Topol, E. (2019). *Deep medicine: How artificial intelligence can make healthcare human again*. Basic Books.

Townsend, M., Surane, J., Orr, E., & Bhasin, K. (2017). America's 'retail apocalypse' is really just beginning. *Bloomberg*.

Townsend, M., Surane, J., Orr, E., & Bhasin, K. (2018). The death of clothing. *Bloomberg Businessweek*.

Urbany, J. E., Dickson, P. R., & Kalapurakal, R. (1996). Price search in the retail grocery market. *Journal of Marketing*, 60(2), 91-104.

US Census Bureau. (2018). *Quarterly retail e-commerce sales, 4th quarter 2017*. U.S. Department of Commerce.

Valinsky, J. (2019). The retail apocalypse is far from over. *CNN Business*.

Vilcassim, N. J., & Chintagunta, P. K. (1995). Investigating retailer product category pricing from household scanner panel data. *Journal of Retailing*, 71(2), 103-128.

Yalch, R. F., & Spangenberg, E. (1988). An environmental psychological study of foreground and background music as retail atmospheric factors. Dans A. W. Walle (dir.), *AMA educators' conference proceedings* (p. 106-110). American Marketing Association.

Zeithaml, V. A. (1988). Consumer perceptions of price, quality, and value: A means-end model and synthesis of evidence. *Journal of Marketing*, 52(3), 2-22.

Zimmer, M. R., & Golden, L. L. (1988). Impressions of retail stores: A content analysis of consumer images. *Journal of Retailing*, 64(3), 265-293.

Zott, C., Amit, R., & Donlevy, J. (2000). Strategies for value creation in e-commerce: Best practice in Europe. *European Management Journal*, 18(5), 463-475.

TABLE DES MATIÈRES

Structures éditoriales du groupe L'Harmattan

L'Harmattan Italie
Via degli Artisti, 15
10124 Torino
harmattan.italia@gmail.com

L'Harmattan Hongrie
Kossuth l. u. 14-16.
1053 Budapest
harmattan@harmattan.hu

L'Harmattan Sénégal
10 VDN SICAP AMITIE 3
BP 45034 Dakar-Fann
direction@senharmattan.com

L'Harmattan Cameroun
Tsinga/Derrière polyclinique FECAFOOT
BP 11486 Yaoundé
Jacques.koukam@harmattan.fr

L'Harmattan Burkina Faso
Villa 281, secteur 23 623, rue 14.32
Ouagadougou
zagbie@outlook.fr

L'Harmattan Guinée
Almamya, rue KA 028 OKB Agency
BP 3470 Conakry
harmattanguinee@yahoo.fr

L'Harmattan RDC
185, avenue Nyangwe
Commune de Lingwala – Kinshasa
matangilamusadila@yahoo.fr

L'Harmattan Congo
219, avenue Nelson Mandela
BP 2874 Brazzaville
deunovmikhael@gmail.com

L'Harmattan Mali
Immeuble Mgr Jean Marie Cissé
Aci Hamadallaye
BP 145 Bamako
syllaka@yahoo.fr

L'Harmattan Togo
Djidjole – Maison Amela
face EPP BATOME
02 BP 20680 Lomé
didieramela11@gmail.com

L'Harmattan Côte d'Ivoire
Résidence Karl – Cité des Arts
Abidjan-Cocody
03 BP 1588 Abidjan
harmattan.ivoire@gmail.com

L'Harmattan Bénin
Rue 604, (Immeuble à l'entrée
de la rue UCAO- Cite de Saint-Jean)
Cotonou
stepcorpus@gmail.com

Nos librairies en France

Librairie internationale
16, rue des Écoles
75005 Paris
librairie.internationale@harmattan.fr
01 40 46 79 11
www.librairieharmattan.com

Librairie des savoirs
21, rue des Écoles
75005 Paris
librairie.sh@harmattan.fr
01 46 34 13 71
www.librairieharmattansh.com

www.ingramcontent.com/pod-product-compliance
Lightning Source LLC
LaVergne TN
LVHW051359061026
849535LV00009B/3272